# 타이완 방어 전략
미국의 안보전문가들이 제시하는 방법론

Stopping A Taiwan Invasion

**스티븐 브라이엔, 얼 해일스턴 지음**
**조용호 옮김**

드러커마인드

진실만을 말한다면,
다른 것은 기억할 필요가 없다.


— **마크 트웨인**


If you tell the truth,
you do not have to remember anything.

— **Mark Twain**

# 프롤로그

　최악의 전쟁은 결코 일어나서는 안 될 전쟁이다. 오늘날 러시아와 우크라이나의 전쟁이 그런 케이스다. 푸틴은 우크라이나의 정부가 반격할 능력이 없다고 판단했고 키이우(Kyiv)는 며칠 안에 붕괴될 것이라고 확신했다. 우크라이나가 억제력의 본질적인 수단 - 무기와 군대 - 이 부족했기 때문에 피해보상 청구서를 만들기도 전에 '특별군사작전(Special Military Operation)'을 신속하게 완료할 심산이었다.

　러시아와 우크라이나의 사례를 중국과 타이완의 사례에 대입해보면, 무엇을 어떻게 해야 할지 누구나 쉽게 이해할 수 있을 것이다. 만약 중국이 평화를 흔들고 타이완을 침공한다면 억제력의 정의가 무엇인지 정확하게 알도록 해야 한다. 그러기 위해서는 오판으로 인한 행위가 가져다 줄 위험부담을 감수하도록 해야 하는데, 쉽지는 않을 것이다.

　우크라이나에서 벌어진 끔찍한 사건은 나토와 주변 국가들이 눈앞에 당면한 위협을 인식하고, 절대적인 병력의 불균형에 대처를 해야 했음에도 소위 알람시계를 끄고 다음 알람을 기대하는 행동으로 인해 벌어진 무책임과 안이함의 결과이다. 지금에 와서 무기를 지원하는 일은 전쟁의 결과와 상관없이 그 양도 너무 적고, 타이밍도 너무 늦었다.

《타이완 방어전략》의 저자들은 이 사실을 알고 있으며, 제때에 억제하지 못해 나중에 불필요한 전쟁이 벌어져 한탄하는 상황을 막으려면 지금은 무엇을 해야 하는지에 대해 진지하게 생각했다. 다시 말하면 타이완을 위해 전쟁을 하자는 것이 아니라 전쟁을 억제하기 위해 정치·군사·외교적 차원의 과제를 제시한 것이다.

이 책은 미국과 동맹국들에 대한 포괄적인 안보전략을 단순하면서도 예리하게 제시하고 있기 때문에 우리의 안보가 중요하다고 생각하는 모든 민간 및 군사기관에서 주의 깊게 읽을 필요가 있다.

이 전략은 지금 바로 착수해야 한다.

**리처드 펄 Richard Perle**
**조지 W. 부시 미국 대통령 국방자문위원장**
**전 국방부 국제전략 차관보**

## 목 차

| | |
|---|---|
| 미국 안보정책센터 타이완 위원회 | 08 |
| 타이완해협 지도 | 10 |
| 역자서문 | 13 |

### 1장　**타이완해협의 현실**　21

### 2장　**미국의 정책과 타이완**　39

| | |
|---|---|
| 안보서약과 보장 | 47 |
| 타이완 관계법 | 48 |
| 우크라이나의 사례 | 50 |

### 3장　**항공작전**　55

| | |
|---|---|
| 미국의 차기전장대응개념: 신속전투배치 | 60 |
| F-35의 전략적인 중요성 | 62 |
| 타이완의 공군 | 67 |
| 주변국의 공군과 지휘통제 시스템 | 69 |

### 4장　**방공 시스템**　75

## 5장 　미국 해군의 역할　83

해군 알레이버크급 구축함 조달　89

## 6장 　미국 해병대의 역할　95

타이완과 미국의 해병대　96
지도에서 살펴본 해병대의 역할　99
한반도와 미국의 해병대　101
더 멀리 내다보기　102
호주 북부의 해병원정대와 상륙준비단　103
원정전방기지작전　104

## 7장 　미국 육군의 역할　109

육군 다영역기동부대　111
타이완 시나리오에서 미국 육군의 역할　116
특수작전부대의 역할　118

## 8장 　연구결과와 제안　125

타이완해협 지도 다시보기　136
미국 안보정책센터 타이완 위원회 소개　137
주석　142
역자후기　164

# 미국 안보정책센터 타이완 위원회

미국 안보정책센터(Center for Security Policy)는 중국이 만약 타이완을 침공하고자 한다면, 미국과 태평양 주변의 동맹국과 우방국들이 이를 억제할 수 있을지 그 가능성을 검토하기 위해 최고의 안보 전문가들을 초빙하여 타이완 위원회를 만들었다. 각 전문가들은 국방 안보 분야에서 평생을 헌신한 고위급 군사전략가와 안보정책가들로 현재까지도 다양한 분야에서 활발하게 활동하고 있다.

- **(전)미국 태평양 육군사령관**
  로버트 브라운 Robert B. Brown
- **(전)미국 태평양 함대사령관**
  스캇 스위프트 Scott Swift
- **(전)미국 태평양 공군부사령관**
  데이비드 뎁툴라 David A. Deptula
- **(전)미국 태평양 해병대사령관**
  얼 해일스턴 Earl B. Hailston
  * 미국 안보정책센터 타이완 위원회 공동의장

- **(전)미국 태평양 해병대사령관**

  루이스 크라파로타 Lewis A. Craparotta
- **요크타운 Yorktown 연구원장**

  세스 크롭시 Dr. Seth Cropsey
- **미국 안보정책센터 수석연구원**

  그랜트 뉴섬 Grant Newsham
- **미국 육군협회 AUSA 국가안보연구실장**

  다니엘 로퍼 Daniel S. Roper
- **(전)미국 국방부 정책차관**

  스티븐 브라이엔 Dr. Stephen D. Bryen

  \* 미국 안보정책센터 타이완 위원회 의장
- **미국 제1정책연구원 중국정책분석국장**

  애덤 사빗 Adam Savit

## 타이완해협 지도

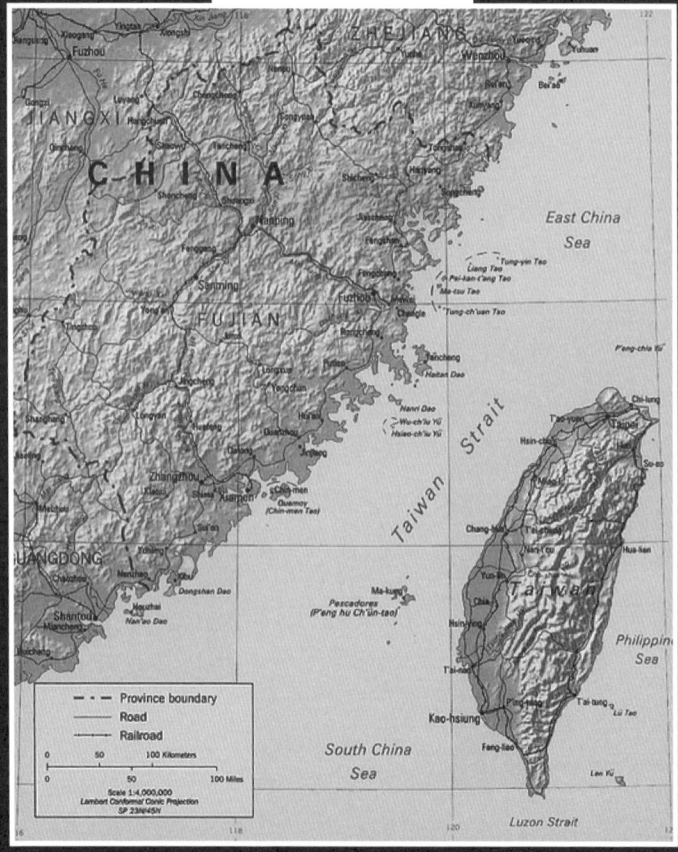

중국과 타이완은 해협을 두고 약 130~180㎞ 정도 떨어져 있다.
지도로 보기에는 평온해 보이지만 이 책을 읽은 후에는 다르게 보일 것이다.

이 책에서 강조하는 키워드는 '전쟁'이 아니라
'평화'와 '안보'를 위한 미국의 '시각'과 '전략'이다.
이를 이해한다면 지엽적인 논쟁에서 벗어나
본질을 꿰뚫을 수 있을 것이다.

**— 역자서문 중에서**

# 역자서문

최근 언론을 보면 안보, 경제, 지정학적인 갈등과 분쟁이 끊이질 않는다. 해결되는 것은 없이 계속 새로운 과제들이 출현하고 있으며, 거기에 종교적인 요소까지 더하면 그 복잡성은 말할 수 없이 증가한다.

다양한 갈등과 분쟁이 있지만 미국과 중국이 많은 주목을 받고 있다. 패권을 움켜쥔 미국 앞에서 몸집을 키운 중국이 타이완의 어깨를 누르며 자리에서 일어서려고 하고 있기 때문이다. 최근 러시아와 우크라이나 때문에 세계의 이목이 서쪽으로 쏠렸다지만, 동아시아에 살고 있는 우리의 관심은 제자리로 돌릴 필요가 있어 보인다.

1999년, 중국 인민해방군의 두 장교가 발표한 《초한전超限戰》이라는 책은 중국이 한계를 초월한 새로운 전쟁을 준비할 것이라고 예고했다. 약 30년이 지난 중국의 모습은 저자들이 생각했던 것 이상으로 많은 능력을 키웠다. 급격하게 성장한 국가 역량을 바탕으로 타이완해협, 동·남중국해에서 영향력을 강화하고 있는 것이다. 그 예로 제1도련선에서 근해(近海)를 방어하는 전략을 넘어 서태평양까지 진출하겠다는 확장전략 형태의 원해(遠海) 호위전략을 펼치고 있으며, 거점 기지를 구축하는 등 활동 범위를 세계로 넓히고 있다. 게다가 2027년은 중국의 정치적 리더십을 연장하는 중요한 시기이자 인민해방군이 창군 100주년을 맞이하는 해이다.

한편, 미국의 해군은 2027년까지 가장 빠른 방법으로 전략적인 목표를 달성하기 위해 실질적인 전투능력을 확보하겠다는 『프로젝트(Project) 33』을 추진하고 있으며, 최근 동아시아 지역에서 화두가 되고 있는 미군의 전략적 유연성(Strategic Flexibility)의 개념은 누구를 상대로 한 것인지 쉽게 예상할 수 있을 정도다. 물리적인 조우에 앞서 두 국가의 전략은 서로를 향해 달려가고 있으며, 공교롭게도 '2027'이라는 숫자가 유난히 눈에 띈다.

이러한 측면에서 미국 안보정책센터는 동아시아와 태평양 지역의 안보에 정통한 고위급의 전문가들을 초빙하여 타이완 위원회를 만들었고, 다양한 분석과 거침없는 토의를 진행했다. 이 책이 위의 과정을 거친 끝에 완성된 저작물임에도 그 내용은 간결하고, 조심스럽기까지 하다. 아마도 안보 일선에서 정책을 수립하고, 현장을 지휘하던 의사결정권자들이기 때문에 그 내용을 현실적이되, 핵심적으로 정리했을 것이다. 또한 미국 중심의 시각에서 많은 우려를 담는 동시에 절제된 문장들도 느낄 수 있었다.

사실 미국의 안보전략과 관련하여 타이완이 화두에 오른 것은 어제 오늘의 일이 아니다. 트럼프 정권 2기에 국방부 정책차관을 맡게 된 엘브리지 콜비(Elbridge Colby)는 《거부전략 (Strategy of Denial, 2021)》이라는 그의 저서에서 타이완 방어를 중국의 패권 확장을 막는 필수적인 과업임을 강조한 바 있다. 위의 책이 중국과의 패권 경쟁을 상정한 대전략(Grand Strategy)을 다룬 책이라면, 이 책은 타이완 방어라는 과업에 집중한 군사적인 방법론이라고 할 수 있다. 수많은 타이완 관련 원서 중에서 이 책을 번역한 이유는 핵심만 간결하게 정리되어 미국 안보전략의 연결고리를 쉽게 이해할 수 있었기 때문이다. 앞서 언급한 초한전이 미국에서 해적판으로 먼저 번역된 것처럼 이 책도 중국어판이 있을지도 모른다.

그렇다고 이 책이 '개인' 또는 '대한민국'의 입장에서 타이완을 지원해야 할 당위성을 강조하는 것은 아니다. 오히려 일본이 해야 할 일이 많아 보인다. 다만 미국이 타이완을 지원하려고 한다면, 이를 위해 워싱턴의 정치가들이 무엇을 어떻게 해야 하는지를 제안한 일종의 정책 제안서이므로 현상을 정확하게 분석하고, 향후의 영향성을 예측할 필요가 있다고 생각한다.

미국 정부는 오래전부터 다양한 위게임과 시뮬레이션을 해왔다. 프로그램의 주체 – 정부 또는 민간 주도 – 를 막론하고 그 결과는 심각했다. 오히려 끔찍했다는 표현이 더 어울릴지도 모르겠다. 그렇기 때문에 정계뿐만 아니라 싱크탱크들도 큰 우려를 하고 있으며, 꾸준하게 연구와 토론을 하고 있는 이유일 것이다.

책을 발간하기까지는 많은 고민과 용기가 필요했다. 저자들의 동의하에 원고 번역은 일찌감치 마쳤음에도 혹시 모를 오해들이 조심스러웠다. 하지만 미국의 안보전문가들이 동아시아 지역에 대해 어떤 걱정을 하고 있으며, 워싱턴의 관료들에게 무엇을 요구하고 있는지 알려야 한다는 생각이 들었다. 결론적으로 이 책에서 강조하는 키워드는 '전쟁'이 아니라 '평화'와 '안보'를 위한 미국의 '시각'과 '전략'이다. 이를 이해한다면 지엽적인 논쟁에서 벗어나 본질을 꿰뚫을 수 있을 것이다.

아직은 우리에게 생각을 정리하고 준비할 시간은 있다.

2025년 6월 25일
조용호

# 1장 타이완해협의 현실

*Courage is fear holding on a minute longer.*
— George S. Patton

두려움은 1분만 참으면 용기가 된다.
— 조지 S. 패튼

# 타이완해협의 현실

우크라이나에서의 전쟁으로 인해 태평양 지역에서 점점 커지고 있는 불씨에 대한 대중들의 관심이 수그러들었다. 오늘의 중국은 러시아보다 강력하고 정밀한 유도무기를 더 많이 보유하고 있으며, 역내에서도 미국과 우방국을 상대로 안보적 긴장감을 불러일으키면서 심각한 수준의 도전장을 내밀고 있다. 중국 고유의 정치체제, 인권과 관련된 역사적인 기록들, 반(反) 자유민주주의 때문이라도 중국은 민주주의 정부와 법치주의를 그들의 중앙 집권적 권위주의 체제로 대치하는 방식으로 동아시아의 패권을 두고 경쟁하고 있다.

↳ 〈DF-31 탄도미사일〉
Tyg728, CC BY-SA 4.0

↳ 〈2020년 홍콩의 시위 현장〉
Studio Incendo, CC BY 2.0

대표적인 사례는 홍콩이다. 과거 중국정부의 엄중한 약속에도 불구하고, 홍콩의 법원과 민주적인 기관들은 조직적인 분해 수준의 수순을 겪었고, 소위 민주화 지도자들로 불리는 사람들은 투옥되기도 하였다. 마찬가지로 중국은 남중국해에서 여러 섬과 암초들을 불법으로 점령하고 군사기지화 해왔지만, 국제사법재판소(ICJ)가 중국의 영토 주권을 인정한 적은 없었다. 따라서 중국은 엄중한 합의를 무시하고, 국제적인 여론을 무시해 왔으며 앞으로도 이런 태도에는 큰 변화가 없을 것이라는 것이 중론이다.

일부 전문가들은 중국의 영토 주장이 여러 면에서 억지스럽다고 한다.[1] 예를 들어 대부분의 라오스와 캄보디아 지역, 때로는 몽골과 대한민국도 과거 자신들의 영토였다고 주장하고 있으며, 인도, 베트남, 인도네시아, 말레이시아, 필리핀, 부탄, 일본과도 계속해서 영토 분쟁을 벌이고 있다.

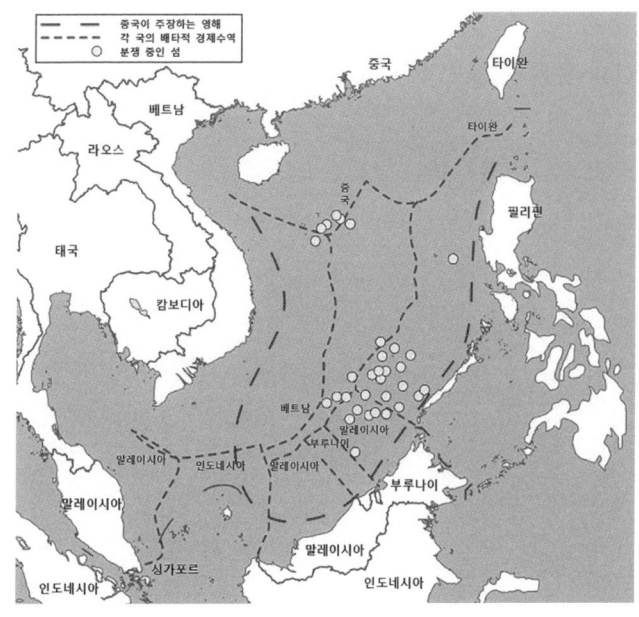

↘ 〈남중국해의 해상 지도〉
NordNordWest, CC BY-SA 3.0

앞서 언급한 남중국해 섬들 외에도 맥클스필드 뱅크(Macclesfield Bank, 중사군도(中沙群島)), 파라셀 제도(Paracel Islands, 시사군도(西沙群島)), 스프래틀리 제도(Spratly Islands, 난사군도(南沙群島))도 자국의 영토라고 주장하기도 한다. 일본과 중국 간의 분쟁은 남중국해의 센카쿠(Senkaku, 댜오위다오(釣魚島)) 열도와 류큐(Ryukyu) 열도, 동중국해의 일본의 방공식별구역(JADIZ)과 배타적 경제수역을 포함한다. 중국은 오키나와와 네팔의 일부에 대한 영유권을 주장하기도 했으며, 이러한 주장을 증

빙이라도 하듯이 군사적 충돌(예: 인도)과 해군 및 해안 경비대의 활동(예: 센카쿠 섬)을 실천에 옮기기도 했다.

중국은 장제스(ChiangKai-shek)의 국민당 군이 1949년 8월에 본토에서 포르모사(Formosa)로 알려진 섬으로 철수한 후에도 계속해서 타이완을 위협해 왔다. 게다가 중국은 최근 타이완을 상대로 군사 작전을 강화하기 시작했는데 전투기, 폭격기, 전자전 항공기로 구성된 대규모 전력을 타이완의 방공식별구역(ADIZ)으로 보냈으며, 타이완으로 하여금 전투기를 긴급 출격시키고 고도의 방공경계를 갖추도록 요구하고 있다. 한편, 중국은 다양한 침략 전술과 더불어 미국의 항공모함을 공격하는 전술도 연습하고 있다. 그 이유는 타이완이 공격을 받을 경우 미국이 항공모함을 지원할 것이라는 가정을 하였기 때문이다. 대표적인 예로 1996년 3월, 미국은 중국의 타이완 위협(제3차 타이완 해협 위기)에 대응하기 위해 두 개의 항모전단을 보낸 사실이 있다.

> 일본은 1895년에 타이완과 펑후 제도(澎湖, Pescadores)를 침략하여 당시 포르모사(Formosa)라고 불렸던 타이완을 합병하였으며, 태평양 전쟁에서 패한 1945년까지 통치하다가 1952년 4월 28일에 발효된 샌프란시스코 조약에서 타이완에 대한 모든 권리를 공식적으로 포기했다.

〈중국의 제1도련선과 제2도련선〉
Public Domain

 중국의 군사력은 특히 제1도련선(First Island Chain)을 중심으로 크게 성장했는데, 그 전력은 다음과 같다.

> ❶ 3척의 항공모함(랴오닝,산둥,푸젠), 핵 · 디젤 전기 잠수함, 방공 시스템 등 미국의 해군보다 더 큰 규모의 현대적인 해군
> ❷ 4세대 · 5세대 전투기, 폭격기, 감시 · 전자전 플랫폼을 갖춘 공군
> ❸ 정교한 전략 · 전술미사일, 순항 미사일과 드론
> ❹ 장차 타이완 침공을 지원할 수 있도록 민간 해상 수송자원과 효과적으로 "융합(fusing)"되고, 규모와 능력 면에서 상당한 수준으로 성장한 상륙군(상륙전이 임무인 해군육전대)

> 제1도련선은 중국 대륙 본토의 해안선을 기준으로 설정된 첫 번째의 주요 군도의 연결선을 말한다. 주로 쿠릴 열도, 일본 열도, 류큐 열도, 타이완, 북부 필리핀, 보르네오 섬을 기점으로 북동쪽의 캄차카 반도에서 남서쪽의 말레이 반도까지 이어져 있다.

중국의 목표는 타이완을 압박할 자유가 있다는 것을 전제로, 필요하다면 중국 당국이 타이완을 침공하거나 공격을 개시하지 않는 수준에서 미국과 동맹국을 위협하는 것이다. 많은 연구, 워게임, 시뮬레이션 그리고 전문가들의 논평을 살펴보면 안타깝게도 미국과 타이완을 포함한 우방국들 사이에 묘한 패배주의적인 분위기가 조성되었다. 이러한 분위기는 바로 중국 공산당이 원하는 것이다.

최근 수년간 미국의 국방부는 점점 더 치명적으로 강해지고 있는 중국의 위협을 전제로 미국이 타이완을 방어할 수 있는지를 평가하기 위해 다양한 시나리오의 워게임과 시뮬레이션을 돌려보았다. 이러한 훈련을 통해 확인한 것은 미국이 타이완을 방어하려고 할 때, 대부분의 경우에서 상당한 손실을 입었다는 것이었다. 몇몇의 비밀 훈련 결과물은 어떤 분쟁이 있더라도 미국이 버틸 수 있다는 것을 보여주었는데, 이 조건은 6세대 전투기를 배치했을 경우를 가정한 것이었다. 미국에게 6세대 전투기 개발은 적어도 10년, 심하게 말하면 가까운 미래에는 일어나지 않을 일이다.[2] 만약 미국이 F-47을 개발한다고 해도, 중국이 J-36을 개발하는 등, 가만히 손을 놓고 있지는 않을 것이다.

> 미국의 국방부, 공군, 해병대를 포함한 군 관련 기관들은 중국의 타이완 침공에 대응하는 미국의 능력에 대한 연구를 수행하거나 지원하기 위해 민간 연구소와 계약을 체결했다.

어떤 기사에는 이런 내용이 나와 있다. 랜드(RAND) 연구소의 선임 연구원이자 미국 태평양사령부의 중국 분석관이었던 티모시 히스(Timothy Heath)는 "중국은 미국에게 엄청난 피해를 입힐 수 있다" 그리고 "대함 순항 미사일은 미국의 항공모함과 군함을 타격하고, 지대공 미사일은 전투기와 폭격기를 충분히 격추할 수 있다"라고 주장했다.[3]

미국의 태평양사령부와 태평양 지역 안보분야에서 폭넓은 경험을 쌓은 우리 타이완 위원회의 전문가들은 앞서 언급한 6세대 전투기나 미래무기가 없어도 중국의 타이완 공격을 막을 수 있으며, 중국이 공격을 결심하면 미국과 우방국들이 적절한 수준으로 타이완을 지원함으로써 중국의 결심을 되돌릴 수 있다고 생각한다. 우리들이 이렇게 생각하는 이유는 타이완, 미국 그리고 우방국들을 위한 군사작전을 시행하기에 앞서 준비할 수 있는 몇 가지 조치가 있기 때문이다.

그리고 작전을 수행함에 있어 미국에만 일방적으로 맡기거나 의존하지 말고, 중국의 잠재적인 침략을 억제하기 위한 '범정부 또는 통합형 정부(whole of government)'의 접근 방식이 필요하다고 본다. 미국은 정치적인 수준에서 이 지역의 우방국들에게 적극적인 지원을 요청해야 하며, 그들의 협력과 지원이 미래의 독립과 안정 유지에 필수적이라는 점을 분명히 해야 한다. 군대의 경우, 중국의 군사적 확장과 증가하는 위협에 대한 공동의 통합적인 접근 방식을 필요로 한다. 중국의 위협에 대응하기 위해서는 미군이 더 잘 통합되어야 할 뿐만 아니라 지역적인 군사 자산들도 자원의 일부로서 활용되어야 함을 의미한다. 아시아에서 미국이 유일한 안보 제공자 또는 보증인 역할을 하거나, 반드시 해야만 하는 시대는 지났다. 역내 평화와 안보를 유지하기 위해서는 다른 국가들도 각자의 역할을 다하면서 공동의 노력에 동참하고 지원해야 한다. 이는 방어시스템과 통합된 지휘통제 체계에 대해 더 많이 투자하고, 기지, 무기, 비축물자, 통신, 정보 그리고 기타 수단들의 성공적인 공유를 보장하는 상호 지원을 의미한다.

또한 타이완의 군대를 미국의 인도-태평양 사령부(IN-DOPACOM)로 편입하고 타이완이 전술능력을 배양하도록 해야 하는데, 특히 지휘통제 능력을 개선하기 위해 해야 할 일이 많다. 이처럼 미국이 우방국의 군대를 개선하고, 전술적인 개념(작전구역 설정, 기지배치, 보급 계획)을 조정하는 모든 조치는 중국을 상대로 일종의 도전적인 메시지를 보내는 의미도 있으며, 억제력의 효과도 거둘 수 있다.

아프가니스탄에서 벌어진 사건과 러시아의 우크라이나 침공에 직면한 NATO의 한계를 감안한다면, 미국과 우방국들은 중국의 위협이나 타이완에 대한 공격으로부터 한 발짝도 물러서지 않을 것이라는 확신을 전달하는 것이 무엇보다도 중요하다. 특히 중국은 다양한 방식으로 미국의 결의를 시험하고 앞으로 몇 달, 몇 년 동안 도전을 가속화할 것이 분명하기 때문이다.

한편, 워싱턴의 정책 결정자들이 중국에 대한 대응이 양측 모두가 손해를 보는 행동이라고 생각하여 이를 주저하기라도 한다면, 미국이 중국과의 대립에서 물러나거나, 군사적으로 개입하지 않을 것이라는 신호를 보여주는 것일 수도 있다. 이것은 러시아가 침공을 준비하면서 우크라이나 근처에 군대를 증강하고 있을 때 미국, 영국과 같은 국가들이 보여준 신호와 같다.

따라서 우리 타이완 전문가들은, 미국이 합동 전투능력을 통해 중국을 억제할 수 있다고 생각하지만, 이 가정이 힘을 받으려면, 미국 정부의 의사결정권자에게 적시에 전달되어야 한다. 미국 주도의 '범정부' 수준의 접근 방식, 우방국들과의 '협력적인 방어태세', 그리고 '통합된 지휘통제체계'는 동아시아에서의 억제력을 혁신하고, 위기가 발생하더라도 타이완을 방어하는데 도움이 될 것이다. 일단 이러한 가정들이 완전하게 가동된다면, 중국의 제1도련선에 접해있으나 불확신으로 가득 차 주변인의 시각으로 관망하던 국가들은 더 큰 자신감을 갖게 될 것이고 역내의 평화와 안정을 유지하기 위한 협력에 기꺼이 동참할 것이다.

> 미국이 NATO를 지원함에 따라 발생한 불행한 잔재 중 하나는 유럽의 파트너들이 미국이 핵우산을 제공할 것이라는 가정 하에, 또는 더 냉소적으로 미국이 방위비를 전적으로 부담할 것이라는 가정 하에 국방 분야에 투자를 하지 않은 것이다. 그 결과 NATO는 집단 안보 동맹임에도 불구하고 미국의 책임이 너무 큰 상태이다. 더욱이 중국의 군사력이 성장함에 따라 우방국들의 협력과 투자 없이는 방위태세를 지속적으로 유지하기가 어려운 상황으로 흘러가고 있다.

이러한 방식은 동아시아에서 평화를 보장하는 완전히 새로운 방법처럼 보이지만 실현 가능성은 충분하다고 본다. 정치적인 수준에서 쿼드 동맹(Quad Alliance)은 최상급의 의사결정 수준에서 무엇을 어떻게 진행해야 하는지를 보여준다.[4] 그 내용은 쿼드의 확장을 위해서는 해당 지역에서 공동의 지휘구조를 구축하는 것뿐만 아니라 하부의 작전요소들에 대한 후속조치가 필요하다는 사실이다. 위기가 발생했을 경우 당사자들은 책임과 필요한 조치들을 명확하게 인지하고 있어야 한다.

최근 몇 년 동안 역대 행정부는 1979년 타이완 관계법(Taiwan Relations Act)으로 거슬러 올라가 '전략적 모호성(Strategic Ambiguity)'이라는 접근 방식을 취했다. 타이완 관계법은 타이완을 인정하지 않기로 한 미국의 결정을 무효화 하지는 않았지만, 타이완에 대한 보장을 제공하는 동시에 타이완과 중국 간의 평화적인 협상을 장려하고자 했다. 또한 미국은 타이완이 단독으로 중국을 저지할 수 있도록 타이완에 방어 무기를 제공하려고 했다. 하지만 이는 중국이 핵 능력을 보유하고, 재래식 무기의 확장과 현대화 작업을 착수하기 전에나 가능했던 일이다.

한 가지 예로 전투기를 제공하는 것을 들 수 있다. 1991

년 마침내 미국은 12년간의 심의 끝에 타이완에 F-16 전투기를 판매하기로 결정했지만, 인도된 전투기는 임무가 제한적이었고 지상과 해상에 대한 공격(공대지, 공대함) 능력이 부족했다. 23년 후인 2014년이 되어서야 타이완의 F-16 A/B 제트기를 업그레이드하는 'Peace Phoenix Rising' 프로그램이 시행되었다.[5] 총 139대를 F-16V로 업그레이드하는 작업은 2023년 12월에 완료되었다.

〈타이완 F-16A〉
玄史生, CC0

〈F-16V 형상〉
Lockheed Martin

5년 후인 2019년, 미국은 타이완에 66대의 신형 F-16V 전투기를 판매하기로 합의했는데, 이는 28년 만에 처음으로 4세대 이상의 신형 전투기를 판매한 것이다. 2022년에 공급이 시작될 것이라는 예측이 있었으나 2024년 9월에 1호기가 인도되었다. 한편, 미국은 다목적 스텔스 전투기인 F-35를 타이완에 판매하는 것을 제안하지 않았는데, 이는 고려해야 할 사항들이 많았을 것으로 추측된다.

2022년에 성능개량이 완료된 타이완의 F-16V 한 대가 재가동한 지 불과 2개월 만에 손실되자 노후 기체에 새로운 시스템을 적용하는 것에 대한 우려가 커졌다. 2024년에는 'Peace Phoenix Rising 2' 프로그램이 시작되었는데, 그 내용은 AGM-88 HARM 운용능력, 지상충돌방지 시스템, MS-110 정찰포드, AGM-154 JSOW 무장통합 등이다. 그리고 F-35의 수직 이착륙형(Jump-jet)인 F-35B의 주요 장점 중 하나는 미사일 공격으로 비행장이 파괴되어도 항공기를 운용할 수 있다는 것이다.

〈M-48A3 전차〉
Public Domain

〈타이완 CM 전차〉
玄史生, CC BY-SA 3.0

더 심각한 점은 미국이 타이완에 퇴역을 앞둔 호위함과 전차와 같은 무기들을 제공하는 경향이 있다는 것이다. 예를 들어, 타이완은 1958년에 M-48A3 전차를 인수했는데 일부는 폐기를 했지만 아직도 운용중이며, 많지는 않지만 역시 오래된 M-60 전차들도 있다. 그리고 타이완은 자국산 전차인 CM '브레이브 타이거(Brave Tiger)'를 개발했다. 하지만 타이완의 전차들은 최신식 화포를 가지고 있지 않으며, 퇴역한 기종들 중 일부는 60년 넘게 사용돼 왔다.

더욱 용납할 수 없는 것은 미국이 – 종종 중국의 압력을 받거나 정책 입안자들이 중국의 비판에 대해 선제적으로 두려움을 느끼는 상황에서 – 타이완의 군대와 거리를 두거나 더 안 좋은 방향으로 선회했다는 것이다. 훈련 프로그램은 거의 제공하지 않았고, 연합훈련도 거의 실시하지 않았으며, 의사소통마저도 상당히 제한되었다. 미군의 관리들은 다른 부처의 고위직들과 마찬가지로 타이완을 방문하는 것이 허용되지 않았다. 이런 방식으로 타이완이 고립을 당하자 타이완은 자신들의 군대를 현대화하거나 섬을 방어할 수 있다는 확신과 자신감을 유지하기 어려웠다. 심하게 말하면 지원군이 도착할 때까지 – 만약 도착한다면 – 버틸 수 없을까봐 극도의 불안에 떨었다.

그러나 최근 타이완, 특히 타이완의 군부와 관계가 개선되기 시작했다. 미국은 타이완에 첨단 군사장비 중 일부를 판매할 의향이 있음에도 판매량은 여전히 수요에 못 미치고 있다. 또한 미국은 타이완의 군대에 더 많은 훈련 프로그램을 제공하고 있으며, 훈련 전문가들은 이 목적을 위해 섬을 방문하고 있다.

한편, 타이완의 군대는 내부 통신망과 지휘통제 시스템, 정보공유 능력 - 현재 존재하지는 않지만 - 미국과 우방국 군대와의 연계성을 통해 연합작전 능력을 개선하는 것이 매우 중요하다. 타이완은 군의 인력 문제를 - 2024년부터 징병제 부활(4개월 훈련 → 1년 복무) - 해결하고, 군에 필요한 재원을 확보하여야 하며, 신병을 유치하고 사기를 북돋아야 한다. 예비군과 민방위 시스템에 대한 관심도 시급하다. 만약 이러한 것들이 해결되지 않는다면 하드웨어만으로는 타이완의 국방 문제를 해결할 수 없을 것이다.

이 뿐만 아니라 타이완의 군 구조에 정통한 전문가들은 동아시아 지역의 안보를 유지하기 위해 타이완의 군대를 미군 중심의 연합군에 편입시키고, 통합된 지휘통제 네트워크를 구축하는 것이 매우 중요하다고 생각한다.

결론적으로 '전략적 모호성'이라는 개념은 억제력을 약화시켰다. 전략적 모호성은 해당 지역을 더욱 안전하게 만드는 것이 아니라 중국이 타이완에 대한 군사적인 압력을 체계적으로 준비하고, 강화하도록 부채질했다. 동시에 중국은 미국의 모호성을 전제로 타이완 침공을 가정한 군사훈련을 강화하고 있다는 사실은 더 이상 놀랍지 않다. 이제 미국이 진정 타이완을 방어하기 원한다면, 전략적 모호성이라는 용어는 미국의 어휘 사전에서 과감하게 삭제해야 하며, 대신에 '전략적 명료성(Strategic Clarity)'을 추가해야 한다.

> 미국은 1970년대의 중고 페리 급(Perry Class) 호위함(FFG-7)과 1964년에서 1974년 사이에 건조된 구식의 녹스 급(Knox Class) 호위함 몇 척을 타이완에 판매했다. 미국은 이 모든 함선을 오래 전에 퇴역시켰다. 그리고 타이완은 1950년대에 건조된 미국의 구피 II 급(Guppy II Class) 디젤 잠수함 2척을 인수하여 보유하고 있지만 더 이상 운용할 수 없다. 또한 1980년대에 제작된 네덜란드의 즈바르디스급(Zwaardvis Class) 잠수함 4척을 인수했으나, 이 디젤 잠수함은 현대화와 개량이 필요하며, 그마저도 1척은 현재 정비 중이다. 한편, 1957년경 설계된 미국의 M-60 전차 대부분은 퇴역했으며, 일부는 표적 연습에 사용된다. 그리고 타이완 전차들은 105mm 포를 장착했다. 미국의 M-1 전차는 120mm 포를 장착했고, 중국의 VT-4 전차는 125mm 포를 장착했다. 최근 타이완이 100여대 규모의 M1A2T 에이브럼스 전차를 도입한다는 뉴스가 보도되었는데, 이는 시급하게 진행해야 한다.

**2장**

# 미국의 정책과 타이완

*There are some who have forgotten why we have a military.*
*It is not to promote war.*
*It is to be prepared for peace.*
*There is a sign over the entrance to the Fairchild Air Force Base.*
*"Peace is our profession."*
— Ronald Reagan

군대의 존재 이유를 잊은 사람들이 있다.
군대는 전쟁을 조장하는 것이 아니라
평화를 준비하기 위한 것이다.
페어차일드 공군기지의 입구에는 이렇게 쓰여 있다.
"평화는 우리의 직업이다."
— 로널드 레이건

# 미국의 정책과 타이완

미국이 중국의 침략으로부터 타이완을 방어해야 하는 이유는 무엇일까? 미국이 타이완을 지원해야 하는 데에는 그만큼 중요한 전략적 이유가 있다. 중국은 타이완을 정복하는 것이 미국을 물리치는 것이라고 생각하는데, 중국의 입장에서는 틀린 말이 아니다. 중국의 관점에서 보면 타이완은 미국의 전초기지이다. 그런데 심각한 것은 중국의 제1도련선의 중심에 타이완이 있다는 것이다.

타이완 해협의 중간에는 가상의 선이 뻗어 있는데, 절반은 중국이 통제하고 나머지 절반은 타이완이 통제한다. 미국은 중국 주변의 해역과 타이완 해협이 반드시 개방되어 있어야 하고, 항행의 자유가 보장되어야 하는 중요한 해상 교통로로 간주한다. 미국은 이 지역에서 '항행의 자유(Freedom of Navigation)' 작전을 수행해 왔다.[6] 2022년 3월, 미국은 알레이버크(Arleigh Burke)급 구축함인 랄프 존슨함(USS Ralph Johnson)을 타이완 해협으로 보냈다. 중국은 미국의 통항에 '위험하다'고 항의하면서 중국의 두 번째 항공모함인 산둥함(Shandong)을 출동시켜 대응했다.

중국에게 타이완은 중국의 군사력을 확장하고, 새로운 초강대국이 되고자 하는 열망을 실현시키기 위한 중요한 목표임이 분명하다. 나치 독일이 2차 세계대전을 앞두고 전례 없는 속도로 군대를 증강한 것처럼 중국은 합법적 또는 비합법적인 방식으로 확보한 기술로 최첨단 미사일, 항공모함, 스텔스 전투기를 개발했다.

지난 수십 년 동안 미국은 전투기와 방공무기와 같은 무기체계를 판매함으로써 타이완이 스스로를 방어할 수 있도록 도움을 줬다고 생각한다. 하지만 중국의 압력으로 인해 미국의 무기 판매는 실제 수요에 크게 못 미쳤다. 1991년, 조지 H. W. 부시 대통령은 중국을 자극하지 않기 위해 의도적으로 공대지공격 기능이 제한된 F-16 초기 모델(F-16A/B)을 타이완에 판매하였다. 이후 F-16V 모델은 28년이라는 세월이 흐른 뒤 2019년에 판매되었으며, 아직 납품이 진행 중이다.

↘ 〈중국 J-20 스텔스 전투기〉
N509FZ, CC BY-SA 4.0

↘ 〈타이완 F-CK-1 전투기〉
玄史生, CC BY 3.0

반면 중국은 다양한 기종의 첨단 전투기를 개발했고, Su-35[7]과 Su-30MKK와 같은 강력한 러시아 항공기들을 구매했다.[8] 중국은 현재 7개 기종의 자국산 전투기를 보유하고 있으며, 그중 단연 돋보이는 기종은 최근에 업그레이드된 청두(Chengdu) J-20 스텔스 전투기이다.[9] 중국 공군은 3,400대의 항공기를 보유하고 있으며, 그 중 1,700대는 현대식 제트 전투기이다.

그러나 타이완은 최근에 업그레이드된 F-16 139대, 운용 및 유지관리에 문제가 있는 프랑스 미라주 2000 제트기 55대, 항속 거리가 짧고 출력이 부족한 타이완제 F-CK-1 전투기 129대를 보유하고 있다. 타이완은 초기 F-16 모델보다 훨씬 더 성능이 뛰어난 F-16V 66대를 추가로 도입할 것이

지만, 그럼에도 불구하고 타이완 공군이 중국에 단독으로 맞서기에는 너무나도 열세이다.[10]

중국의 급속한 군사력 확장과 현대화는 그저 균형을 맞추는 방식으로 중국에 대항하겠다는 기존의 '타이완 방어 전략'을 시대에 동떨어진 개념으로 만들었으며, 더 이상 지역의 평화를 유지하는 데에도 적합하지 않아 보인다. 정치적으로도 중국에게 타이완은 머리 아픈 골칫거리이다. 중국은 자유를 억압하는 공산주의 독재 국가이지만, 타이완은 언론, 집회, 종교의 자유를 보장하고 번영을 추구하는 민주주의 국가이기 때문이다. 타이완은 독재(diktat) 또는 중앙집권적 일당 독재 국가가 아니라 '법치' 국가이다.

미국 외교정책의 핵심이자 미군이 서태평양에 주둔하는 이유는 이 지역에서 자유민주주의 국가를 보호하기 위한 것이다. 일본도 유사한 입장을 표명한 바 있으며, 이 지역뿐만 아니라 전 세계를 상대로 권위주의와 강압적인 방식을 표출하며 부상하고 있는 중국에 대해 깊은 우려를 표명하고 있다.

중국은 타이완을 자국의 영토라고 주장한다. 또한 오키나와, 센카쿠 열도, 남중국해의 섬과 암초 등 일본에 속하는 영토까지 중국의 것이라고 주장하기도 한다.[11] 특히, 타이완은 중국의 제1도련선의 중심에 있고, 그 전략적인 위치 때문이라도 타이완을 특별히 강조한다.

《디플로매트(the Diplomat)》의 프란츠-스테판 개디(Franz-Stefan Gady)는 다음과 같은 기사를 썼다.[12]

> 중국 인민해방군은 중국해의 출입을 보장하는데 전략적으로 중요한 두 항로인 미야코(Miyako)와 바시(Bashi) 해협을 중심으로 군사훈련을 실시하면서 작전의 속도를 높이고 있다. 이 두 항로는 일본 북부 해안의 쿠릴 열도에서 시작하여 태평양의 최남서부에 있는 필리핀과 보르네오 섬까지 이어지는 동아시아 해안선을 둘러싼 주요 군도의 외곽

〈미야코와 바시 해협〉
미국 공군대학 중국항공우주연구소(www.airuniversity.af.edu), https://asiapacificsecurity.home.blog/

> 라인까지 감싼다.
>
> 남중국해와 서태평양을 연하는 바시 해협은 필리핀 북부의 루손(Luzon) 섬과 타이완의 오키드(Orchid) 섬 사이를 지난다. 미야코 해협은 일본의 미야코 섬과 오키나와 섬 사이를 지나고, 일본의 배타적 경제 수역을 통과하면서 국제 해역과 공역이 있는 작은 통로를 제공한다. 두 항로는 모두 중국 인민해방군 해군이 태평양으로 진입할 때 이용하는 중요한 항로이다.

타이완이 중국에 강제로 병합된다면, 중국은 분명 타이완의 공군과 해군 기지를 점령하고 통제할 것이며, 군사적으로도 타이완 해협을 통제할 수 있다. 이후 중국은 미국을 핵심 적대세력으로 여기고 서태평양에서 미국을 대체하려고 할 것이다.

미국 국방부의 중국지역과장이었던 조셉 보스코(Joseph Bosco)는 노팅엄 대학교 타이완 연구센터의 논문집에 다음과 같은 글을 남겼다.[13]

> 중국이 타이완을 통제하면 남중국해에서의 작전이 용이해지고 필리핀, 베트남, 말레이시아, 브루나이에 대한 영토와 해양 주권을 더욱 공격적으로 주장할 수 있다. 갑작스

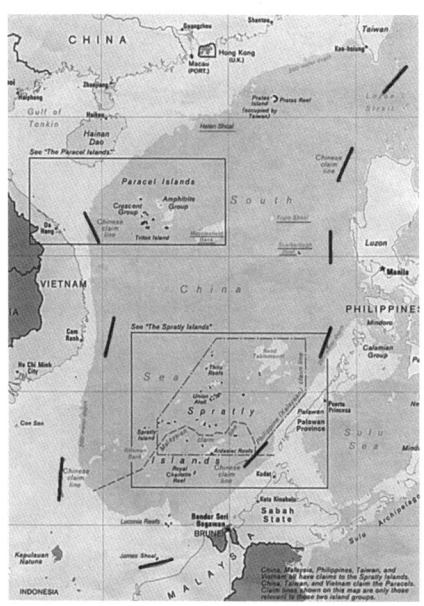

〈중국의 9단선〉
Public Domain

럽겠지만 베이징은 광활한 9단선(Nine-dash line)을 곧바로 실행할 것이다. 현재 타이완과 미국의 해군을 표적으로 삼고 있는 1,600발의 탄도 미사일을 본토에서 타이완으로 옮긴 후 다른 동남아시아 국가들의 영토와 선박, 그리고 전 세계 모든 국가들이 사용하는 해상 교통로를 표적으로 삼을 수도 있다. 중국은 남중국해를 그들이 상상하는 중국의 호수(Chinese lake)로 만들 수 있는 매우 유리한 위치를 점하게 될 것이다.

〈중국 도련선의 상세 위치〉
Public Domain

중국은 또한 타이완을 일본, 류큐 열도, 필리핀, 말레이시아, 인도네시아를 연결하는 소위 '제1도련선'의 중요한 고리로 생각한다. 이 섬들 사이에 위치한 항해의 '병목 지점'은 중국 해군이 '제2도련선' 즉, 마리아나 제도, 괌 그리고 태평양 중부의 작은 섬들로 나아가는 것을 막는다고 보고 있다. 동중국해 해안에는 중국이 군사적으로 해군기지를 배치할 만한 수심이 깊은 항구가 없다. 잠수함은 수면에서 작전을 수행하다가 류큐 열도 지역에 도달해서야 심해 잠항을 시작한다.

중국이 타이완을 점령하는 데 성공하면 군사적으로 엄

청난 영향력을 행사할 수 있으며, 일본과 다른 나라(대한민국 포함)를 위협할 수도 있다. 미국은 서태평양의 기지들이 직접적인 위협에 놓이게 되고 불안정해질 수 있다는 점을 고려해야 하며, 군사 자산을 괌, 심지어 하와이, 캘리포니아, 알래스카로 철수해야 할 가능성도 있다. 일본은 오키나와와 센카쿠 섬을 잃을 수도 있고, 내부적으로는 정치체제에 대한 위협을 받을 수도 있다. 중국은 일본이 감내하기 어려운 수준의 정치적, 경제적인 요구를 할 수도 있다.

## 안보서약과 보장

미국은 타이완의 안보와 관련하여 구속력 있는 법적 책임이 있을까? 미국은 《타이완 관계법(Taiwan Relations Act, 1979년)》[14], 의회에서 의결되어 타이완에 부여된 《6개 보장(Six Assurances, 1982년)》[15], 그리고 이러한 서약을 통합한 2021년 《국방수권법(National Defense Authorization Act)》에 따라 타이완의 안보에 대한 의무가 발생한다.

또한 미국은 최근 센카쿠 섬까지 확대된 미-일 상호방위조약에 따라 지역적으로 평화를 유지할 책임이 있다. 그러나 이러한 종류의 서약 중 어느 것도 타이완이 공격을 받을 경우 미국이 물리적으로 개입할 것이라는 것을 명시한 약속은 없다. 그나마 상호방위조약이 있어야 한 나라가 공격을 받으면 두 나라가 서로를 방어하도록 강제할 수 있다. 그런데 위의 문서들은 서태평양의 평화를 위해 미국의 책임을 강조하고, 타이완과 중국 간의 문제는 무력행사가 아닌 평화적인 방법으로 해결되어야 한다고 명시하였으며, 미국은 주로 방어기능의 무기를 제공함으로써 타이완의 방위를 지원하도록 약속한다.[16]

《6개 보장》의 요지는 미국이 타이완으로 하여금 중국과 협상토록 강제하지 않을 것이고, 타이완에 무기를 수출하는 기한을 정하지 않을 것이며, 타이완 관계법을 수정하지 않을 것이라는 취지이다.

## 타이완 관계법

타이완 관계법(TRA)은 미국의 타이완에 대한 책임을 명시하는 법적인 토대를 형성한다. 법의 목적은 '서태평양에서 평화, 안보, 안정을 유지하는데 도움이 되는 것'이라고 밝히고 있으며, '해당 지역의 평화와 안정은 미국의 정치적, 안보적, 경제적 이익에 준하는 국제적 관심사'라고 선언하였다. 또한 '보이콧이나 금수조치를 포함한 비평화적인 수단으로 타이완의 미래를 결정하려는 모든 노력은 서태평양 지역의 평화와 안보에 대한 위협이자 미국의 중대한 우려 사항'이라고 명시하였다.

그런 다음 미국은 '타이완 사람들의 안보 또는 사회 경제적 시스템을 위협할 수 있는 무력이나 기타 형태의 강압에 저항할 수 있도록 미국의 능력을 유지해야 한다'고 선언하였다. 따라서 타이완 관계법은 미국이 '무력에 저항할 수 있는' 능력을 지속시켜야 하며 타이완을 보호하기 위한 군사적 역량을 유지해야 함을 의미한다. 일반적으로 '모든 무력행사에 대한 저항'은 타이완에 대한 미국의 보호를 의미하기도 한다. 그러나 이와 별개로, 실제로 공격이 발생할 경우 언제, 어디서, 어떻게 행동해야 하는지는 미국이 결정을 해야 한다.

또한 법령에서 미국이 '타이완에 방어용 성격의 무기를 제공할 것'이라고 말하지만 '방어용'이라는 용어의 정의는 어디에서도 찾아볼 수 없다. 실제로 중국은 타이완을 상대로 수출하는 모든 종류의 미국산 무기에 대해 불평을 한다. 이는 실질적인 문제이다.

## 우크라이나의 사례

미국이 타이완을 방어해야 한다면 우크라이나는 어떨까? 우크라이나는 러시아의 위협을 받고 있다. 우크라이나는 일부 야당의 정치 지도자들을 교도소에 가두기는 했지만, 엄연히 민주주의 국가이다. 우크라이나와 타이완의 차이점은 미국에는 우크라이나에 대한 공식적인 공약이 없다는 것이다. 즉, 상호방위조약이나 타이완 관계법과 같은 법률이 없다. 미국은 우크라이나의 영토 보전을 방어하고 싶다고 거듭해서 말했지만, 거센 러시아의 침공에도 군대를 투입하지 않았으며, 향후에도 그럴 일은 없을 것이다.[17]

이 문제에 대한 NATO 국가들의 입장도 마찬가지이다. 우크라이나가 NATO에 가입하지 않았으므로 집단적인 안보 지원을 받을 자격이 없으며, 러시아와 국경을 접한 NATO 국가들은 러시아의 공격을 유발할 수 있다는 사실 때문이라도 미국 정부와 동일한 생각을 가질 수밖에 없다. 물론 일부 NATO 국가들, 가령 미국, 영국, 독일, 폴란드는 우크라이나 군대에 무기와 훈련을 지원하고 있다. 그러나 헝가리를 포함한 다른 국가들은 러시아와 우크라이나에 대한 NATO의 강력한 입장을 지지하지 않았다. 따라서 미국이 우크라이나에서 군사 작전을 수행하고자 하더라도

NATO 회원국들로부터 완전한 수준의 정치적 지지를 기대하기는 힘든 상황이다. 더 어려운 상황은 미국이 일방적으로 또는 일부 국가(예: 폴란드, 루마니아 등)들과만 행동한다면 NATO의 동맹을 깨뜨릴 수도 있다는 것이다.

따라서 우크라이나에 대한 안전 보장은 불완전하며, 우크라이나가 침공을 받아도 미국과 NATO가 우크라이나를 직접적으로 지원할 수 없기 때문에 위태로운 상황까지 간 것이다. 이 결론을 뒷받침하는 사실은 러시아가 크림반도를 점령했을 때, 유럽과 미국이 러시아에 경제적인 제재는 가했지만 다른 조치를 취하지는 않았다는 것이다. 이 모든 것이 우크라이나를 도와야한다는 도덕적인 동기를 외면한 것은 아니지만, 실질적으로 정치적인 차원에서 군사력을 동원하는 방안은 적어도 지금은 배제되어 있는 상태이다.

따라서 우크라이나의 상황은 타이완과는 상당히 다르다. 타이완의 경우 주요 우방국 중 특히 일본은 중국의 확장 위협과 타이완에 대한 공격 가능성을 충분히 인식하고 있으며, 미국은 타이완을 보호할 법적인 명분과 전략적인 타당성도 있다. 여기서 말하고자 하는 바는 '모든 무력행사에 대해 저항'해야 할 법적인 의무 – 저항의 의미는 정의되어 있지 않지만 – 가 있다는 것이다.

미국의 외교정책은 서태평양의 자유민주주의 국가들을 보호해야 한다는 목표에 집중하고 있다. 국제적으로 타이완의 지위가 모호하기는 하지만, 타이완은 번영하는 민주주의 국가이고 미국의 책임에 속해있는 서태평양 지역의 안보 구조물의 일부이다. 따라서 중국이 무력을 사용한다면 지역의 평화와 안보가 즉시 훼손될 것이고, 이 지역의 다른 국가들이 위협을 받음으로써 미국의 안보 우산의 힘도 약해질 것이다.

3장

# 항공작전

*We are moving from an era of uncontested air superiority
to one where we must fight for it and win it every day.*
— Frank Kendall

우리는 더 이상 제공권을 당연하게 누릴 수 없다.
이제 매일 쟁취하고 지켜내야 하는 시대이다.
— 미국 공군성 장관 프랭크 켄달

# 항공작전

중국이 타이완 침공을 시도하는 것을 억제하기 위한 최우선의 과제는 타이완과 타이완 해협에서 공중우세(air superiority)를 확보하고 이를 유지하는 것이다. 그 목적은 다중영역(multiple domains)의 전장에서 다양한 군종의 미군들이 상대의 공격으로부터 보호를 받고, 공격의 자유를 확보하기 위함이다. 이에 대한 필요성은 최근 러시아-우크라이나 전쟁에서 생생하게 증명되었다.

미국과 우방국들은 중국에 비해 경쟁력이 있고 우수한 성능의 전투기와 폭격기를 보유하고 있다. 미국의 항공전력의 모체는 공군의 핵심사령부인 태평양 공군사령부

(PACAF)이다. 이 사령부의 주요임무는 공군의 통합 원정작전에서 제공권을 확보함으로써 미국을 방어하고, 안정을 증진하며, 공격을 억제하고, 적을 신속하게 격파하는 것이다. 9곳의 전략적인 위치를 점하고 있는 사령부는 주로 하와이, 알래스카, 일본, 괌, 대한민국에 상당한 규모의 시설을 보유하고 있으며, 약 45,000명의 군인과 민간인들이 근무하고 있다. 약 340대의 전투기와 공격기가 이 사령부에 배정되어 있으며, 추가로 약 100여대의 항공기가 괌에 순환 배치되고 있다. 현재 계획대로라면 태평양 공군사령부는 7개의 F-22 전투기 대대 중 3개 대대의 본거지가 될 것이며, 미국 본토 외의 지역에서 2개의 C-17 수송기 부대를 운영하는 유일한 부대이다.

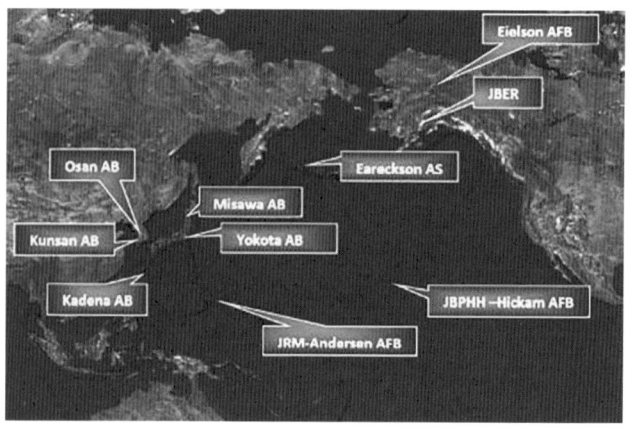

〈미국 태평양 공군사령부의 위치〉
Public Domain

태평양 공군사령부는 일본 요코타(Yokota)의 제5공군, 대한민국 오산의 제7공군, 알래스카 엘멘도르프(Elmendorf)의 제11공군으로 나뉘어 있다.[18] 예하 부대로는 엘멘도르프의 제3비행단, 대한민국 군산의 제8전투비행단, 하와이 진주만 히캄(Hickam)의 제15공수비행단, 일본 오키나와 가데나(Kadena)의 제18비행단, 대한민국 오산의 제51전투비행단, 알래스카 아일슨(Eielson)의 제354전투비행단, 일본 미사와(Misawa) 기지의 제35전투비행단, 요코타의 제374공수비행단, 괌 앤더슨 공군 기지의 제36비행단이 있다. 공군의 전투기, 폭격기, 급유기, 특수작전 및 수송기는 역동적인 전력 배치를 통해 최단 경로의 접근성, 신속한 대응능력과 지속성을 제공한다. 또한 태평양 공군의 공중훈련은 살상력, 회복력, 파트너십을 강화하며 그 예로는 Pacific Iron, Northern Edge, Cope North 훈련 등이 있다.

인도-태평양 전역을 순회하면서 B-1, B-2, B-52를 운용하는 미국 공군의 폭격 부대들은 태평양 지역의 동맹국들과 상호운용성과 파트너십을 강화하고 자유롭고 개방적인 인도-태평양 지역을 유지하기 위해 집단적인 능력을 강화한다. 장거리 폭격기는 중국의 대응 범위를 벗어난 원거리에서 효과적이고 유연한 최고의 전력투사 방법을 제공하는데, 다른 시스템에 비해 인력, 배치, 비용, 적시성 등 상대적으로 높은 경제성으로 인해 매우 유리한 장거리 화력을 제공할 수 있다.

ᒪ 〈B-21 레이더 폭격기〉
Public Domain

ᒪ 〈항모에 착륙하는 F-35B〉
Public Domain

한편, 최신예 스텔스기인 B-21 레이더(Raider) 폭격기는 중국의 침략에 강력한 억제력을 제공할 것이며, 제대로 된 영향력을 미치기 위해서는 현재 계획된 것보다 훨씬 더 많은 수의 조달이 필요하다. 현재 미국 공군은 역사상 가장 노후하고 규모가 작으며, 작전 준비상태 또한 부족한 상황이다. 모든 합동작전에는 미국 공군이 필요하므로 이러한 상황을 반드시 역전시켜야 한다. 미국 의회는 공군의 전투기 조달을 우선시하여 전투력을 높여야 하며, 현재 운용중인 공군 항공기의 평균 기령(연식)인 30세를 줄이려는 노력도 필요하다.

공군의 항공기 외에도 미국 해군과 해병대는 항공모함에서 운용하는 강력한 항공작전 부대를 유지하고 있다. 유일한 전방 배치 항공모함인 니미츠급 USS 로널드 레이건 (CVN-76) 핵 추진 항모는 일본 요코스카에 모항을 두고 있는데 최대 85대의 고정익 항공기 – 주로 F-18G와 F-18 E/F 슈퍼 호넷 – 를 운용하고 있다.[19] 해병대는 미국 해군의 항공모함에서 F-35B[20]와 F-35C[21] 항공기를 운용하고 있다.

중국은 대규모의 공군을 보유하고 있지만, 모두가 현대화되어 있지는 않다. 스텔스 성능은 다소 제한적이지만, J-20은 미국으로부터 은밀하게 확보한 기술을 바탕으로 개발한 것으로 보인다. 일부 중국 항공기에는 능동전자주사식 위상배열 레이더(AESA)가 장착되어 있어 미국의 스텔스 전투기와 경쟁할 가능성이 높지만, 중국의 AESA 프로그램이 얼마나 효과적인지에 대해서는 알려진 바가 거의 없다.

마찬가지로 중국은 우수한 장거리 공대공 미사일 능력을 보유하고 있으며, 그 중 일부는 미국산보다 기술적으로 사정거리가 더 길어 가시거리 밖(BVR) 조건에서 잠재적으로 유용하게 운용할 수 있다. 그러나 전반적으로 미국의 스텔스 능력이 더 우수할 것이기 때문에 중국산 전투기가 미국의 전투기를 탐지한 후 파괴하는 능력이 있을지에 대해서는 아직은 의심스럽다.

> 미국 해병대가 F-35C를 최초로 배치한 함정은 에이브러햄 링컨함(CVN-72)이고, F-35B는 와스프(Wasp) 강습상륙함(LHD-1)이다.

## 미국의 차기전장대응 개념: 신속전투배치(ACE)

미국 공군은 창설 이후 전 세계에 전투력을 투사하는 임무를 부여 받았다. 역사적으로 미국은 본토와 해외의 공군기지를 조합하여 상대적으로 경쟁이 덜한 작전 범위를 설정하고, 병력을 전개함으로써 전투능력을 발휘할 수 있었다. 그러나 냉전이 종식된 이후 공군의 국제적인 영향력은 크게 감소했다. 제2차 세계대전 당시 93개의 기지를 보유했던 공군은 현재 65%나 감소하여 33개만 유지하고 있다.[22] 이러한 감축은 아군의 고가치 자산에 집중하는 동시에 잠재적인 적대행위에 대응하며 전력을 투사하는 미국 공군의 능력에 문제를 야기한다.

앞서 언급한 것처럼 공군의 영향력 감소와 적대적인 기술의 발전 – 광범위한 정보, 감시, 정찰 능력과 전 영역에 영향을 미치는 장거리 화력 – 으로 인해 공군기지는 상당히 높은 수준의 위협 아래 놓이게 되었다. 냉전시대에 소련이 유럽의 기지들을 위험에 빠뜨린 것처럼, 새로운 무기들의 등장은 과거에 피난처로 여겨졌던 기지들을 위험에 빠뜨렸다. 게다가 정치적, 재정적인 제약으로 인해 새로운 공군 기지를 창설하는 데에는 많은 제한사항이 발생한다.

이러한 문제를 해결하기 위해 공군은 신속전투배치(Agile Combat Employment)의 개념을 도입했다. 이는 일련의 위협과정 중에 실행되는 작전계획으로 사전 대응능력과 즉각적인 반응능력을 강조하고, 통합적이고 지속적인 억제체제에서 전투력을 발휘함으로써 생존의 가능성을 높인다.

ACE를 유효적절하게 적용하면 적에게는 정치적, 작전적인 딜레마를 안겨주고, 타겟팅 프로세스를 복잡하게 만들지만, 아군에게는 유연성을 제공한다. 합동군 사령관의 목표를 효과적으로 달성하기 위한다면 ACE는 지휘통제($C^2$), 공격 간 보급지원 문제, 소형 무인항공기에 대한 대응, 방공 및 미사일 방어, 우주 및 사이버 영역의 공세적 또는 방어적 능력과 같은 광범위한 지원 시스템을 재검토해야 한다.

ACE는 사실 합동전영역작전(JADO: Joint All-Domain Operations)을 지원하는 작전 개념이다. 합동군의 작전은 점점 더 상호 연결성과 의존성이 강해지고 있으며, 다양한 도전을 받고 있다. 반접근 및 지역 거부(A2/AD의 위협), 기동의 자유 감소, 첨단 기술의 급속한 확산은 미군의 작전 능력에 도전하는 요소들이다. ACE를 성공적으로 활용한다면 모든 영역에서 OODA모델 - 관찰(Observe), 방향설정(Orient), 결정(Decide), 그리고 행동(Act) - 을 협력하여 실행할 수 있는 힘을 제공할 수 있다. 행동의 자유를 목표로 하는 ACE는 여러 영역에서 융합을 가능하게 하고, 복잡성을 던져준다. 이후 상대방의 작전 템포(tempo)에 문제가 발생하면, 그들의 의사결정 주기 내에서 합동군이 원활하게 작전할 수 있도록 해준다.

> 공군의 신속전투배치(ACE)는 미국 공군 교리 1-21을 참고한 것이다.

## F-35의 전략적인 중요성

2022년 3월 16일, 미국 의회의 상하원 합동회의에서 연설한 우크라이나의 젤렌스키 대통령은 감성적인 호소를 했다. "나에게는 필요한 것이 있습니다. 우리의 하늘을 지켜야 합니다." 어린이가 부상을 입고, 주택, 아파트 그리고 피난처가 공격을 받고 있는 충격적인 사진들은 우크라이나

대통령의 연설이 의미하는 바와 전쟁의 끔찍한 실상을 보여주기에 충분했다.

↘ 〈연설중인 젤렌스키 대통령〉
Public Domain

↘ 〈우크라이나의 파괴된 도시〉
Public Domain

아이러니하게도 바로 그날, 바이든 정부의 2023 회계연도 예산요청서에는 미국의 국방부가 F-35의 조달 예산을 3분의 1로 감축하는 내용이 담겼다는 소식이 외부로 유출되었다. 우크라이나의 영공 수호를 위한 지원이 필요하다는 것과 미국 국방부가 전투기 조달 예산을 감축한다는 두 사건은 명확한 대조를 보여준다.

F-35는 향후 수십 년 동안 하늘을 수호하겠다는 미국의 능력을 상징한다. 그러나 이 항공기의 조달 예산을 삭감하는 것은 '미국이 조만간 직면할 현실적인 위협에 대비하고 있지 않다'라는 신호를 모든 우방국과 적대국에게 보여주는 격이다. 앞서 언급했듯이 만성적인 예산부족은 공군의 전투비행단을 역사상 최약체로 만들었는데, 이는 대비태세

가 미흡함을 의미한다. 이러한 경향은 2023년 이후 국방예산 편성에서 지속되고 있으며, 이를 반드시 전환시켜 공군의 능력과 역량을 재설정해야 한다.

제공권은 모든 군사작전의 성공을 보장하는 중추적인 능력이다. 해상의 함정, 지상군, 우주 및 사이버 센터, 물류 및 보급 허브, 그리고 작전 기지들은 공중에서 공격을 받으면 살아남을 수 없다. 바로 이것이 우리의 적들이 우리의 공중우세에 도전하기 위해 첨단 항공기와 무장을 개발하는 이유이다. 젤렌스키 대통령은 우크라이나 영공의 제공권을 확보하는 것을 가장 시급한 과제로 삼고 있기 때문에 그 중요성을 분명하게 인식하고 있는 것으로 보인다. 한편, 그가 당면한 현실은 제공권을 확보하고 유지하는 능력이 얼마나 어려운 것인지 상기시켜 준다.

미국이 참전한 마지막 분쟁 중 하나인 사막의 폭풍 작전(Operation Desert Storm) 동안 공군은 134개의 전투비행대대를 보유했었다. 그러나 오늘날에는 55개로 약 60%가 감소했다. 더욱 심각한 것은 비행대대의 항공기 중 약 80%가 계획된 운용 수명을 초과하였다는 것이다. 공군의 현대화는 30년 이상 지연되었고, 이로 인해 급증하는 전투교전의 수요를 맞추기 위해 얼마나 가혹하게 항공기와 인력을 투입했는지를 추측하게 해준다.

상황을 악화시킨 것은 중국의 급속한 부상과 점점 더 공격적인 러시아를 제대로 인식하지 못한 미국 국방부의 수뇌부들 덕분에 세계에서 가장 우수한 전투기인 F-22를 750대가 아니라 187대만 구매했다는 사실이다. 그 시점에 공군은 현대화를 달성하는 유일한 대안으로 5세대 항공기인 F-35를 남겨 두었다. 하지만 예산 감축과 기술적인 문제로 인해 프로그램이 정상적으로 진행되지 않았다.

↳ 〈작전 전개를 준비 중인 F-22〉
Public Domain

↳ 〈F-22의 내부무장창〉
Public Domain

2020년까지 공군은 800대 이상의 F-35를 보유할 것으로 예상했지만 결국 272대만 보유하게 되었다. 2025년을 기준으로 보더라도 500여대 밖에 안 되는 상황이다. 한편 냉전의 주역이었던 F-16과 F-15 전투기는 노후화되었고, 현대화된 적들의 공격을 감내하는 생존성이 점점 더 떨어지고 있다. 투입되는 유지비용 또한 상당하다.

공군이 현재 보유량을 기준으로 F-22와 F-35를 전쟁에 투입해야 한다면, 주어진 시간에 F-22는 약 30소티(Sortie), F-35는 약 50소티의 출격만 유지할 수 있을 것이다. 이는 중국, 러시아, 북한, 이란 등에서 촉발될 수 있는 심각한 동시다발적 다중 위협에 대처하기에는 역부족이다. 따라서 공군은 성장이 필요하다. F-35는 현재 생산 중인 유일한 전투기 옵션으로 현대의 위협에 맞서 최적의 우위를 확보하기 위해 필요한 스텔스, 센서, 무기 등 다양한 능력의 조합을 제공할 수 있다.

우크라이나에서 벌어지고 있는 재앙은 국가가 영공을 보호하지 못했을 때 치러야 할 고통스러운 대가를 고스란히 보여준다. 이와 관련하여 미국은 지난 수십 년 동안 너무나 많은 위험을 감수했다. 미국 의회가 재정 여건을 고려하되, F-35의 생산대수를 늘리는 것은 퇴보하고 있는 미국의 공군력을 재건하고, 중국의 타이완 침공을 억제하며, 필요한 경우 승리를 보장할 수 있는 필수적인 조치이다.[23]

> 미 공군은 2023년에 32대의 F-22를 퇴역시킬 계획이었다. F-35와 F-15의 조합으로도 충분한 효과를 낼 것이라는 가정

> 때문일 것이다. 하지만 이는 세 가지 이유로 잘못된 조치이다.
> ❶ F-22의 수는 제한되어 있고 더 이상 생산되지 않는다. ❷ F-22는 가장 큰 두려움을 주는 전폭기이다. ❸ 미국은 유럽과 태평양에서 동시에 역량을 강화해야 한다. 분쟁이 발생할 경우 F-22의 필요성을 감안한다면, 이를 중요한 자산으로 만들어야 하나 F-22를 퇴역시키면 특히, 인도-태평양 지역에서 미국과 동맹국의 억제력이 약화된다. 결국 미 의회에서 F-22의 퇴역을 승인하지는 않았지만, 막대한 운영 유지비와 업그레이드 비용은 F-22의 위상과 범위가 축소될 수밖에 없음을 보여준다.

## 타이완의 공군

타이완의 공군은 현대화의 초기 단계에 있다. 기존의 타이완 F-16은 노후화되었지만 미국과 타이완은 업그레이드 프로그램을 진행하였다. 업그레이드 내역에는 176개의 AESA 레이더와 내장형 위성관성항법장치(EGI), 128개의 헬멧장착조준장치(JHMCS)와 야간 투시경 세트가 포함되어 있으며 전 방향의 공대공(Air to Air) 미사일과 공대지(Air to Ground) 정밀 미사일을 사용하여 항공기의 전투 범위를 확장할 수 있다.

미국은 공대공 임무를 위해 140발의 AIM-9X 사이드와
인더 미사일과 지원 시스템을 제공하였다.[24] 업그레이드에
는 수하심문 트랜스폰더가 결합된 APX-113 고급 피아식별
시스템(IFF)과 F-22 랩터에서 파생되어 전도율이 우수한 '황
금색 캐노피(Golden Canopy)', 레이더 및 열 신호를 감소하기
위한 HAVE GLASS Ⅱ가 포함되어 있다.

새로운 업그레이드를 통해 미국은 F-16V에 GPS 유도
폭탄(GBU-31(v)1, GBU-38 JDAM)[25], 레이저 JDAM(GBU-56)[26] 또는
GPS개량 레이저유도무기(GBU-10 Enhanced Paveway Ⅱ)[27], 개량된
2,000파운드 Paveway Ⅲ 레이저 유도폭탄[28] 등 상당한 수준
의 무기 패키지를 제공한다. 또한 CBU-105 정밀유도확산
탄(센서신관무기)[29]도 포함되어 있다.

업그레이드 내역의 일부에는 ALQ-213 전자전시스템 등
항공기 전자전 및 자체 보호 시스템의 현대화도 포함되는
데, 디지털 무선주파수메모리(DRFM) 기술을 통합하기 위해
기존에 보유하고 있던 82개의 ALQ-184 전자전 포드(ECM
pod)도 업그레이드된다.

타이완은 이러한 모든 기능을 갖춘 66대의 새로운 F-16V
를 추가로 인수할 것이다. 그렇게 된다면 타이완은 200대

이상의 항공기로 구성된 세계에서 가장 현대적인 F-16 전투비행단을 운영하게 되며, 업그레이드된 레이더와 전자장비 덕분에 공중우세와 공대지 능력을 확보하고, 항공작전을 효과적으로 수행할 수 있을 것이다. 이에 더하여 프랑스산 미라주 2000 항공기, 타이완산 F-CK-1 전투기, 그리고 F-5 항공기도 운용하고 있다.

> HAVE GLASS는 항공기 캐노피와 동체에 적용되는 코팅으로 항공기의 레이더 반사 단면적(Radar Cross Section)을 줄여 스텔스 항공기처럼 만들어 준다. 정밀유도확산탄(센서신관)은 스마트한 정밀 유도확산 집속탄으로 목표물을 "스마트"하게 찾아준다. 바람수정확산탄(WCMD: Wind Corrected Munitions Dispenser)이라고도 하며, 폭탄 내부에 수많은 자탄을 탑재함으로써 광범위한 지역을 조기에 제압할 수 있다.

## 주변국의 공군과 연합 지휘통제 시스템

우선 일본은 현대적인 공군전력을 보유하고 있다. 미국과 일본은 F-35를 공동으로 생산(일본에서 조립)하고 있는데 F-35A는 105대를, F-35B는 42대를 도입할 예정이며 현재까지는 각각 42대, 3대가 인도된 것으로 보인다. 또한 155대의 F-15J 전투폭격기와 62대의 F-2A(F-16기반)를 보유하고 있으

며, 4대의 E-767[30], 18대의 E-2 Hawkeye 조기경보통제기를 운용한다.[31]

대한민국 또한 대규모의 공군 전력을 보유하고 있으며, 기지는 타이완과 가까운 거리에 위치해 있다. 언론 등 매체를 통해 식별된 바에 따르면 전투기로는 167대의 F-16, 40대의 F-35 라이트닝Ⅱ, 59대의 F-15K, 60대의 FA-50 경공격기가 있다.[32]

불행히도 미국, 타이완, 일본, 대한민국 공군간의 관계는 잘 정리되어 있지 않으며, 공유된 지휘통제 시스템도 없다. 위 4개국이 단일한 지휘기관을 창설하고, 전자적인 지휘와 운영이 가능한 통합 솔루션을 찾을 수 있다면 동북아-태평양 지역의 안보태세는 상당히 강화될 것이다. 이를 위해서는 미국과 동맹국이 작전적인 측면에서 협력관계를 구축하고, 이를 증진하기 위한 지속적인 정치 리더십과 범정부적인 지원이 필요할 것이다.

그동안 미국의 정치 리더십은 미국과 동맹국 간의 작전적인 협력을 촉진하기에는 부족했다. 최근의 군사훈련으로 다소 상황이 개선되기는 했지만 타이완은 포함되지 않았다. 이는 큰 실수이다. 이 문제를 해결할 수 있는 한 가지 방법은 타이완의 조종사가 미국에서 비행훈련을 받으면서 공중전투훈련을 실시하는 것이다. 이를 통해, 시스템을 통합할 경우 발생되는 문제를 사전에 식별하고, 이를 해결할 수 있는 테스트 베드를 제공함과 동시에 다양한 우발상황에 대한 연습도 병행할 수 있을 것이다.

> **일본의 F-15J는 보잉사의 라이선스를 받아 미쓰비시(Mitsubishi) 중공업에서 생산한다.**

**4장**

# 방공 시스템

*Modern air defense must be layered, agile, and fully integrated.*
*If we fail, our forces and our nation dangerously exposed.*
— Lt. Gen. David Deptula(Ret.)

현대의 방공망은 다층으로 기민하며 완전하게 통합되어야 한다.
그 기준에 미치지 못하면, 우리 군과 국가는
심각한 위험에 빠질 것이다.
— 미국 공군중장(예) 데이비드 뎁툴라

# 방공 시스템

미국과 일본은 이지스(AEGIS) 탄도 미사일 방어 시스템을 보유하고 있다.[33] 이는 가장 우수한 방공요격 미사일인 SM-3 Blk ⅡA가 포함된 해상 기반의 방공 시스템이다.[34] 이러한 요격 미사일은 이지스 방어 시스템을 지원하는 첨단 레이더를 통해 전술, 중거리, 그리고 대륙간탄도미사일을 파괴할 수 있다. 미국은 22척의 타이콘데로가(Ticonderoga)급 순양함[35]과 62척의 알레이버크(Arleigh Burke)급 구축함으로 구성된 84척의 이지스 함을 보유하고 있다.[36] 가장 오래된 타이콘데로가급 순양함 중 일부는 퇴역이 예정되어 있으며, 다른 함선들은 신형 레이더와 개량된 전자 장비를 통합하여 업그레이드되고 있다. 일본의 이지스 함은 신형 SPY-7

레이더를 장착하였으며,[37] 마야(Maya)급[38], 아타고(Atago)급[39], 콩고(Corgo)급 유도 미사일 구축함 등 현재 8척의 이지스 함을 운용하고 있다.

대한민국, 일본, 타이완은 패트리어트 PAC-2[40]와 PAC-3[41] 방공 시스템을 보유하고 있다. 이 시스템은 미사일방어 능력을 갖추고 있으며 상대방의 전투기와 폭격기를 상대로도 작전을 수행할 수 있다. 타이완의 PAC-2와 PAC-3 시스템을 증강하기 위해서는 미국이 재고로 보유중인 미사일을 타이완으로 보충해야 하며, 타이완이 중국의 도전에 대처할 수 있을 만큼 충분한 양을 보유하도록 해야 한다. 만약 필요하다면 미국은 요격미사일의 생산량부터 늘려야 한다. 사우디아라비아와 UAE도 요격미사일의 보유량이 부족

〈로타 섬에 배치된 THAAD 발사대〉
미 육군(www.army.mil)

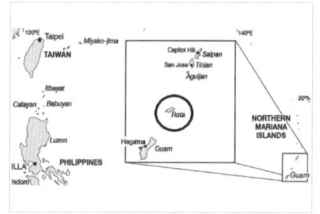

〈로타 섬의 위치〉
ANU College of Asia & the Pacific

하다는 사실을 살펴보면 문제가 얼마나 시급한지를 보여준다. 또한 THAAD(Terminal High Altitude Area Defense) 시스템이 대

한민국과 괌에 배치되었고, 괌에서 북동쪽으로 약 74㎞ 떨어진 로타(Rota)섬에도 원격 발사 시스템을 배치하였다.[42]

방공 시스템은 소위 "항모 킬러(Carrier Killer)"라고 불리는 중국의 DF-21D(둥펑(東風)) 미사일에 대응할 수 있는 유일한 수단이다.[43] 성능이 개량된 이지스 시스템은 중국의 "항모 킬러" 사정권에 위치한 미국의 항공모함을 보호하는 중요한 역할을 할 수 있다.

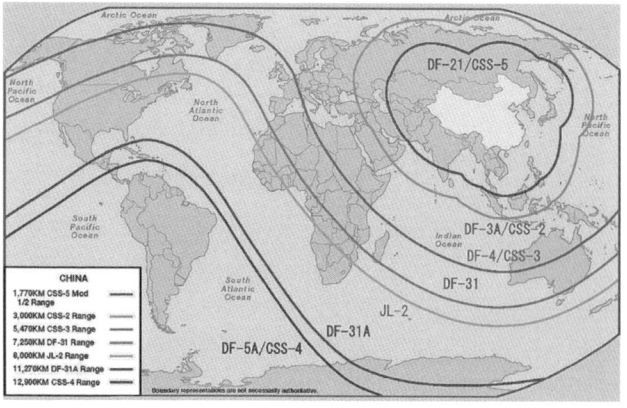

↘ 〈중국의 미사일 사거리〉
Public Domain

THAAD 또한 중국의 미사일을 방어하기 위해 사용될 수 있다. THAAD를 이지스, 패트리어트와 통합하면 군집형 미사일 공격을 방어할 수 있는 기회와 능력도 향상시킬 수 있다. 미국의 경우 대한민국에 배치한 시스템들을 통합하는 작업을 착수했다고 한다. THAAD는 실전 경험도 있다. 2022년 1월 UAE는 후티(Houthi)의 중거리 탄도미사일을 성공적으로 요격하였다.

타이완도 Arrow Crossbow라는 이동식 방공 플랫폼을 개발했다. 이 플랫폼은 기관포와 미국의 가시거리 밖(BVR) 미사일인 능동 유도형 중거리 공대공 미사일(AMRAAM)을 기반으로 제작한 요격 미사일을 통합하는 개념이다. 이와 함께 유서 깊은 I-HAWK와 국산 시스템인 Sky Bow(天弓, Tien-Kung) Ⅰ, Ⅱ, Ⅲ를 보유하고 있다.**44** 또한 라파예트(La Fayette)급**45** 캉딩(Kang Ding, 康定) 순양함**46**을 새로운 방공 시스템(Sky Bow + 미국 MK-41 수직발사대)과 신형 Harpoon 대함 미사일**47**로 업그레이드를 추진해왔다. 그러나 계약과정 중에 발생한 일종의 비리사건(라파예트 스캔들)으로 현대화는 지연되었다.

방공 시스템 중 특히, 육상 및 해상의 이동식 발사대와 휴대용 방공무기(MANPADS)는 적이 방공시스템을 표적으로 삼아 파괴하기 어렵게 만든다. 방공은 적의 '수직 공격(Vertical Attacks)'에 대항하는데 매우 중요하다. 수직 공격이란 일종의 수직 상륙 작전으로 헬리콥터와 수송기가 타이완의 방어를 피한 후 '후방'을 공격하기 위해 병력과 장비를 투입하는 방법이다. 이러한 종류의 공격을 무력화하기 위해 방공망은 중요한 역할을 하는데, 대체로 방공시스템은 분산되어 숨겨져 있기 때문이다. 타이완과 미국은 이러한 방식으로 섬을 지속적으로 방어하기 위해 병력과 보급을 강화해야 한다.

↘ 〈이지스 어쇼어 시스템〉
Public Domain

↘ 〈요나구니 섬의 위치〉
ANU College of Asia & the PacificDr. Blofeld, CC BY 3.0

타이완에는 이지스 어쇼어(AEGIS Ashore)와 같은 현대적인 시스템이 필요하다. 보안이 문제가 된다면 이지스를 타이완 대신에 미국 해군이 운용하거나, 타이완에서 가장 가까운(110km) 일본 류큐 열도의 요나구니(Yonaguni) 섬에 배치할 수도 있다. 일본 영토에 배치할 경우 일본에서 자금을 조달하는 방안을 검토할 만하며, 일본도 이지스 함을 운용해 본 경험을 토대로 시스템을 통제할 수 있을 것이다.

오늘날 장거리 레이더를 포함한 타이완의 방공망은 미

국이나 일본, 대한민국과 통합되어 있지 않다. 이러한 자산은 항공작전 중 우군을 오인 사격하는 위험성을 해소해야하기 때문에 항공기, 방공망, 레이더를 통합하고 조정하기 위한 조치가 필요하다.

5장

# 미국 해군의 역할

*We must modernize with urgency and purpose,*
*because our competitors are not waiting.*
— Adm. Michael Gilday(Ret.)

우리는 목적의식을 갖고 현대화의 속도를 올려야 한다.
왜냐하면 우리의 경쟁자들은 기다려주지 않기 때문이다.
— 미국 해군대장(예) 마이클 길데이

# 미국 해군의 역할

해군 참모대학의 석좌교수이자 해양전략위원장인 제임스 홈즈(James Holmes)는 미국과 동맹국이 "중국의 제1도련선을 따라 전력을 적절하게 배치하면 중국의 방어 사슬에 구멍을 낼 수 있고, 중국의 해상 진출을 차단함으로써 해상 작전에 대한 고민을 가중시킬 수 있다"고 말한다. 덧붙이면 중국의 지휘관들이 해안 방어에 대해 고민을 하면 할수록 중국의 군대를 분산시킬 것이기 때문에 일촉즉발의 상황이 발생하더라도 중국의 화력 집중도는 상대적으로 감소할 것이라는 의미이다.[48]

예비역 제독인 제임스 스타브리디스(James Stavridis)는 "중국 해군이 미국과 우방국에 대해 군사 행동을 취할 가능성이 있는 4곳의 확실한 해상 '화약고'가 있다. 그것은 타이완해협, 일본 인근의 동중국해, 남중국해, 더 멀리는 인도네시아, 싱가포르, 호주, 인도 등 주변국의 바다들이다."라고 주장한다.[49]

중국이 타이완을 침공하기 위해 군사력을 집중할 것이라고 가정한다면, 미국과 우방국의 해군은 중국을 상대로 심각한 작전적 딜레마를 안겨줄 수 있다. 미국의 해군, 특히 강력한 핵 잠수함과 함대는 중국의 해상작전에 도전할 수 있을 뿐만 아니라 중국 함대의 해상 접근과 중국의 무역에 필수적인 해상 교통로를 차단할 수 있다.

중국은 급속하게 현대화된 대규모의 해군을 보유하고 있다. 그러나 중국의 함대는 단순한 수적인 통합을 넘어서 다양한 방식으로 전투를 수행할 미국과 우방국의 해군들과 맞서야 한다.

해군력 자체로만 보면 미국의 해군은 규모면에서 우세한 중국보다 훨씬 더 강력하다. 군사 저널리스트인 데이비드 액스(David Axe)는 《포브스(Forbes)》매거진에 "이론적으로 미국의 함대는 하푼(Harpoon), 네이벌 스트라이크 대함 미사일(Naval Strike Missile), 토마호크 지상공격 미사일 10,196발을 가지고 전투에 나설 수 있다"라고 했다.[50] 미국 해군 함대의 60%는 태평양에 있지만 인근의 대한민국, 일본, 호주, 인도 등의 군대와 더불어 증강할 수 있는 가능성도 열려 있다.

벤자민 마이너디(Benjamin Mainardi)는 《디플로매트(The Diplomat)》에서 "중국의 함대는 대체로 주력 전투함으로 보기 어려운 호위함과 초계함과 같은 소규모 함정에 불균형적으로 의존하고 있다. 그럼에도 불구하고, 수적 우위의 대부분은 연안 경비함으로부터 나오는데, 이는 무시할 수준은 아니지만 중국의 근해 너머로 제한적으로나마 전력을 투사할 수 있다."[51]라고 주장했다.

미국 육군은 해군의 SM-6 미사일과 토마호크를 개조하여 중거리 대함 미사일을 개발하고 있다. 미국 해군은 하푼(RGM-84 Blk Ⅱ) 모델과 여러 종류의 대함 미사일을 배치했는데, 전반적으로 성능과 대응체계에 대한 저항력이 개선되었다. 현재 운용 중인 최신 미사일은 사거리 300마일(560 km)의 LRASM(AGM-158C Long Range Anti-Ship Missile) 스텔스 순항 미사일이다. 미국 공군의 무기고에는 항공기용 LRASM 모델도 보유하고 있다. 연안 전투함의 경우 미국은 사거리

115마일(213km)로 노르웨이 콩스버그(Kongsberg)에서 설계한 네이벌 스트라이크 미사일(NSM)을 도입하고 있다. LRASM은 해군 함정과 지상 목표물을 상대로 발사할 수 있다. 전반적으로 미국은 2020년부터 상당히 많은 양의 대함 미사일을 구매하기 시작했으며, 2016년 예산으로 2021년까지 88발의 대함 미사일을 구매하였고, 2027년까지는 850발을 더 구매할 계획이다.[52]

⟨LRASM⟩
Public Domain

⟨XASM-3⟩
Hunini, CC BY-SA 4.0

⟨Joint Strike Missile⟩
Strak Jegan, CC BY-SA 4.0

일본은 3가지 종류의 새로운 대함 미사일을 보유하고 있거나 획득을 추진 중이다. 그중 하나인 XASM-3은 일본의 F-2 전투기에서 발사할 수 있는 로켓 및 램제트 초음속 미사일이다. 일본은 또한 F-15J/DJ의 현대화를 위해 LRASM과 F-35로 운용이 가능한 장거리 합동타격 미사일(JSM)을 구매하고 있다. 역시 노르웨이의 콩스버그에서 생산하는 이 미사일은 F-35 기체 내부의 무장창에 탑재되어 스텔스 특성을 보장해 준다. 마지막으로 일본은 사거리가 매우 긴 극초음속(Hypersonic) 대함 미사일과 고가치의 해상 목표물을 공격할 수 있는 초고속 활공 발사체(Hyper-Velocity Gliding Projectile)를 개발하고 있다.

일본은 상대적으로 적어 보이지만 16개의 플랫폼으로 현대화된 잠수함 함대도 보유하고 있다. 최근 일본은 타이게이(Taigei)급의 새로운 잠수함을 건조중인데, 이 3,000톤급의 잠수함은 디젤 전기 잠수함에서 일반적으로 사용되던 납산 배터리를 리튬 배터리로 대체하는 최초의 잠수함으로, 배터리 전원으로 더 오래 작동하고 더 빨리 기동할 수 있다. 일본의 잠수함은 첨단 어뢰와 함께 하푼 대함 미사일도 장착하고 있다.

↘ 〈**함정형 승평 II, III**〉
　Solomon203, CC BY-SA 4.0

↘ 〈**지상형 승평III**〉
　Public Domain

타이완은 대함 미사일 능력을 크게 강화하고 있으며, 대부분은 해상 또는 공중 플랫폼이 아닌 지상에서 발사될 것이다. 타이완은 미국의 방위산업체인 보잉으로부터 100마일(185㎞) 사거리의 차세대 지상 발사형 하푼 미사일을 구매하는 데 24억 달러를 지출하였다. 25개의 이동식 레이더로 지원되는 100개의 4연장 트럭 발사대에서 발사되는 400발의 하푼은 타이완의 대함 미사일 보유량의 절반이상인 1,200발로 늘어날 것이다.

타이완에서 제작한 슝펑(Hsiung Feng(雄風), Brave Wind) 미사일은 슝펑Ⅱ와 슝펑Ⅲ 미사일이 있으며, 구형 하푼 모델과 어울려 균형을 이룰 것이다. 슝펑 Ⅲ는 지상 및 해상 목표물을 모두 파괴할 수 있는 능력을 갖춘 중거리 초음속 미사일로 타이완의 국가중산과학연구원(國家中山科學研究院)에서 개발하였다.

다른 미국의 동맹국들도 미국의 해상작전을 증강시켜줄 비교적 우수한 능력을 갖추고 있다. 예를 들어, 호주는 남중국해에서 중국이 통제하는 섬과 암초와 관련된 문제에 상당한 수준의 도움을 줄 수 있으며 중국 또는 중국으로 향하는 함정을 차단하는 데에도 지원이 가능하다. 인도를 포함한 다른 동맹국과 우방국들도 중국의 해군을 견제하고, 공동으로 초계작전을 수행할 수 있다. 최근의 태평양 지역에서 진행된 PACVAN 훈련(Pacific Vanguard)과 Sea Dragon 훈련의 사례는 참가국(대한민국, 미국, 일본, 호주 등)들의 관계를 강화하고 효과적으로 협력 방안을 모색할 수 있는 중요한 기회임을 보여준다.

## 해군 알레이버크급 구축함 조달

바이든 정부는 2022년에 2척의 신형 알레이버크(Arleigh Burke)급 구축함(DDG-51 Flight Ⅲ)을 인수할 예정이었다. 하지만 정부는 해당 조달계획을 절반 수준으로 줄이는 것과 동시에 13척의 타이콘데로가(Ticonderoga)급 순양함과 4척의 연안전투함(Littoral Combat Ship)을 퇴역시키기로 했다. 이에 대해 부연 설명을 하자면 미국 국방부의 주요 관심사는 무인 전투함을 도입하는 것처럼 보인다. 하지만 무인 전투함은 정교한 탄도미사일방어체계(BMD) 구축함을 대체하기 어려우며, 대체가 가능하더라도 배치하기까지 수년이 걸리는 일이다. 게다가 설계가 채택되고 해군의 요구사항을 완벽하게 충족하리라는 보장도 없다.

군사전문가이자 작가인 댄 고어(Dan Goure)는 중국의 해군이 지속적으로 성장함에 따라 이에 대응하기 위해서 정말 필요한 것은 15척의 알레이버크급 DDG-51 Flight Ⅲ 구축함을 추가하는 것이라고 제안한다. 한편, 2024년 언론보도에 따르면 미국 해군은 9척의 알레이버크급 구축함 구매 계약을 체결했으며, 2027년까지 인수할 것이라고 한다. 하지만 댄 고어가 제시한 수치에는 부족한 수준이다.[53]

⌐ 〈알레이버크급 구축함〉
Public Domain

⌐ 〈타이콘데로가급 순양함〉
Public Domain

이에 더하여 해군 참모총장이었던 마이클 길데이(Michael Gilday) 제독은 중국의 위협이 커지고 있음을 감안할 때 미국은 500척 이상의 해군 전력이 필요하다고 주장한다. 여기에는 수상 전투함, 항공모함, 잠수함 등이 모두 포함된다. 그러나 현재 중국의 함정 수는 미국보다 먼저 400척에 근접하였고, 함정을 건조하는 능력만 보더라도 미국에 비해 약 230배의 생산능력을 보유하고 있다. 미국이 현재 연간 생산할 수 있는 구축함의 수는 2척이 채 안 된다. 따라서 2050년이 되더라도 미국이 500척을 확보할 가능성은 희박해 보인다.

물론 방법이 없는 것은 아니다. 미국 정부가 조선업을 재건하는 정책을 추진하여 조선업을 부활시키거나 세계대전과 같은 상황이 발생했을 경우 전시 대량생산체제를 가동하는 방법 밖에는 없다.

> 7척의 타이콘데로가급 순양함이 FY22~FY23 국방 예산안에 따라 퇴역된 것으로 보인다. 추가로 6척이 2027년까지 퇴역될 예정이다. 해군에 따르면, 이 순양함들을 설계 수명인 30년을 5년이나 초과했으며, 이를 수리하는 것은 비용과 시간 측면에서 비효율적이라고 한다. 또한 10척의 연안전투함도 퇴역시킬 계획인데, 현재 4척이 폐기 과정을 밟고 있다. 한편, 미국의 해군 함정은 '번스-톨레프슨법(Byrnes-Tollefson Act)'에 따라 미국 내 조선소에서만 건조가 가능한 상황이다.

6장

# 미국 해병대의 역할

*We cannot continue to live off past successes.*
*The future fight will be different, and so must we.*
— Gen. David H. Berger(Ret.)

우리는 과거의 성공에 안주할 수 없다.
미래의 전쟁은 달라질 것이고, 우리도 달라져야 한다.
— 미국 해병대장(예) 데이비드 H. 버거

# 미국 해병대의 역할

 미국의 해병대는 타이완을 방어하기 위해 다양한 임무를 통합하면서 필수적인 역할을 할 수 있다. 타이완을 기준으로 가장 가까운 미국의 해병대는 일본에 위치하고 있는데, 약 20,000명의 해병대원을 보유한 제3해병원정군(3rd Marine Expeditionary Force)이다. 대부분은 오키나와(타이완 북쪽으로 약 300마일)에 있지만, 혼슈 본섬의 이와쿠니(Iwakuni)에도 해병 항공단이 있다. 최근 괌에도 해병대 기지를 세워 수천 명이 근무하고 있으며, 유사한 규모의 해병대가 하와이에 배치될 가능성도 있다.

 종종 간과되곤 하지만, 캘리포니아 남부에 위치한 제1해병원정군(1st MEF)은 40,000명 규모로 인도-태평양사령부(INDOPACOM)에 배속된 전략적으로 중요한 전력이다. 해병대는 전통적으로 보병, 항공, 보급 등의 병과가 통합된 해병공지기동부대(MAGTF: Marine Air Ground Task Force)를 기반으로 포병을 지휘요소에 결합하여 운영한다. 공지기동부대의 규모는 부여된 우발 사태에 대처할 수 있도록 확장이 가능하다. 제3해병원정군은 일본에 있는 미 해군 7함대와 긴밀한 작전 관계를 맺고 있고, 제1해병원정군은 샌디에이고에 있는 해군 3함대와 협력한다.

미국 해병대와 해군의 관계는 해병대와 장비를 여기저기로 수송하는 것 이상으로 중요한 것으로 간주된다. 오히려 해병대는 해군의 작전을 지원하는 전통적인 역할로 점점 더 회귀하는 모습을 보이고 있는데, 해군의 기동을 용이하게 하고 주요 상륙지점을 확보함으로써 해상 거부와 해상 통제를 지원하고, 해상 작전에서 적의 간섭을 사전에 차단하는 역할을 한다.

## 타이완과 미국의 해병대

전방에 배치된 미국의 해병대는 필요한 경우 타이완을

지원하고, 지휘통제를 용이하게 하며, 초기의 해군 작전을 지원하고, 추가적으로 합동군을 투입할 수 있도록 한다. 또한 전통적인 합동강습진입작전(JFEO: Joint Forceable Entry Operation) 기능을 유지한다. 따라서 위기가 발발한 직후가 아니라 지금 당장 배치를 시작하는 것이 유리해 보인다. 이는 타이완 군대의 역량을 향상시키는 동시에 군인과 민간인 모두의 사기를 북돋울 수 있기 때문에 중요한 요소이다. 해병대를 활용하는 구체적인 제안 사항은 다음과 같다.

타이완에 중대 규모의 해병대 자문·훈련 부대를 배치해야 한다. 참고로 미국 해병대는 수년에 걸쳐 타이완 해병대와 협력하기 위해 소규모의 훈련 분견대를 파견했다. 그러나 이는 임시방편이었고 타이완의 능력이나 심리에 미치는 영향이 제한적일 정도로 규모가 작았다. 그러므로 해병대는 타이완 군대의 체계적인 개선을 위해, 장기적으로 주둔할 수 있는 더 큰 규모의 부대를 파견할 필요가 있다.

또한, 미국 해병대가 타이완 해병대의 전투역량을 구축하는 것에 집중하는 것이 가장 효율적일 것이기 때문에 일부 미국 해병대(중국어 구사 인원 포함) 인원들도 타이완의 해병대 교육기관에 교관으로 파견해야 한다. 이러한 전투역량을 구축하기 위해서는 다음의 것들이 필요하다.

- **도시지역작전(MOUT: Military Operations in Urban Terrain), 도심(시가지) 전투기술**
- **대전차 전술 및 대전차 무기 사용**
- **소규모 부대 작전: 침투, 매복, 야간 작전**
- **화력 및 장거리 정밀사격 협조**

  미국 해병대의 항공함포 연락중대(ANGLICO: Air-Naval Gunfire Liaison Company)에게 잘 맞는 역할이다. 타이완은 2027년이 되어서야 장거리 로켓포(HIMARS)를 인수할 예정인데, 그동안은 타이완이 보유하고 있는 것을 활용하거나 미국 해병대의 HIMARS를 일시적으로 배치할 수도 있다.

- **타이완 상륙 정찰 해병대와 긴밀한 협조**

  이들은 이미 매우 유능한 능력을 보유하고 있으며, 견고한 방어를 위해 핵심적인 역할을 한다.

- **해병대 해병공지기동부대(MAGTF) 개념 발전**

  1960년대에 정립된 공지기동부대의 개념은 전통적인 방식으로 보일 수도 있으나 오늘날까지 유효한 개념으로 진화해 왔으며, 타이완 군대에 적용한다면 전투의 사고방식을 바꾸는데 유용할 것이다.

앞서 언급했듯이, 이들은 운영상의 개선 외에도 심리적인 이점이 있다. 가장 중요한 것은 타이완이 40년 이상 고립되어 있던 상황에서 벗어날 수 있다는 것이다. 미국은 지난 15년 동안 타이완과의 관계를 개선할 수 있는 시간과 기회를 낭비했다. 일례로 미국 해병대는 타이완 해병대와 최근 몇 년 동안 단 두 번의 소대단위 훈련을 했다. 2017년에는 타이완 해병대 소대가 하와이에서 훈련을 했고, 2021년에는 괌에서 훈련을 했다. 이후에 추가적으로 훈련을 했더라도 더 많은 노력이 필요한 상황이다. 예를 들면 미국 해병대와 해군이 태평양 중부지역에 인도적 지원/재난구호 부대(HA/DR Force)를 창설하는 것인데, 타이완의 해군과 해병대가 함께할 수 있도록 타이완에 본부를 두는 방안이다. 그리고 괌과 사이판에서 훈련을 실시하면서 실제로 자연재해에 대응하는 것이다. 종합적으로 살펴보면 미국과 타이완의 군대가 연합합동 방어체계를 준비하는데 그동안 얼마나 무관심했는지 놀라울 따름이다.

## 지도에서 살펴본 해병대의 역할

가칭 '타이완 전투(Taiwan Fight)'에서 해병대의 역할을 살펴보려면, 타이완의 지도가 아닌 '지역 전도'를 살펴봐야 한다. 제1도련선 내에서 해병대는 적의 핵심 자산을 치명적으로 표적화하면서 우군의 화력을 조정하고, 정보 수집과 보고를 통해 합동군을 지원할 기회를 잡을 수 있다. 해병대가 가진 고유한 능력과 미래를 위해 준비 중인 역량은 중국의 무기교전구역(WEZ)에서 작전을 수행하는 데 필요한 요건과 완벽하게 부합한다. WEZ내에 해병대를 배치하면 중국의 표적지정을 어렵게 만들고 타이완, 일본, 미국을 상대로 해군과 공군의 기동과 작전이 제한된다. 일본의 군사 전략가들은 최소한 중국이 타이완에서 가장 가까운 일본의 남부 섬을 공격하고, 점령하거나 무력화할 것으로 예상하고 있다.

해병의 화력, 항공, 그리고 방공 자산은 일본이 난세이 제도(南西諸島, Nansei Shoto) - 일본 규슈에서 대만까지 약 1,000km에 걸쳐 190여개의 섬으로 구성된 도서군 - 를 '봉쇄'하는 데 도움을 줄 수 있다. 이는 또한 중국 인민해방군이 다른 무엇보다도 타이완을 포위하려는 기동에 문제를 일으킨다. 일본은 현재 난세이 제도 연결선을 따라 감시 시스템, 대함 미사일, 대공 무기를 배치하고 있다. 해상자위대와 항공자위대는 각각의 작전계획을 갖고 있는데, 이를 합동 방위계획으로 전환해야 한다.

더 나은 방안은 타이완 근처의 류큐 열도(난세이 또는 남부)의 방어를 미국과 연합하여 추진하는 것이다. 미국 해병대가 오키나와에서 두드러진 역할을 하고 있음을 감안할 때, 류큐 열도에서도 주도적인 역할을 해야 한다. 한 가지 구체적인 조치는 캠프 코트니(Camp Courtney, 제3해병원정군 본부)에 합동 본부를 설치하는 것이다. 명칭은 아마도 '난세이 제도 합동기동부대(JTF)'라고 부를 수 있을 것이며, 타이완의 비상사태가 임무에 포함될 수 있다. 조금 더 직접적으로 말하면 미국의 해병대는 일본의 자위대와 함께 일본의 영토를 침범하는 중국을 상대로 '억제'와 '거부전략'을 펼칠 수 있다.

## 한반도와 미국의 해병대

미국 해병대는 역내에서 문제가 발생할 경우 한반도에서도 중요한 역할을 한다. 중국이 타이완을 공격할 경우 이에 대한 관심과 주의를 돌리기 위한 전략으로 북한은 한반도에서 문제를 야기할 수도 있는 것이다. 이러한 시나리오는 미국의 해병대뿐만 아니라 모든 미군을 한반도로 불러들이고, 일본의 주의를 분산시키는 데에도 도움이 될 것이다. 이처럼 타이완에 투입할 수 있는 병력과 관심이 줄어들면 중국에게 유리한 국면으로 작용할 것이다. 해병대는 본질적으로 해상 전역의 연안 작전을 수행하는데 매우 적합하다. 실제로 해병대는 어떤 '악천후와 조건'에서도 연안 작전을 수행하는 방법을 이미 통달했다고 해도 과언이 아니며, 연안 연대를 활성화하고 있다.

## 더 멀리 내다보기

중국군 또는 해상 민병대가 동남아시아 지역을 장악하는 것을 막기 위해서는 해병대가 개입해야 하며, 육상과 해상뿐만 아니라 제공권까지 확보하는 것을 목표로 해야 한다. 여기서 말하는 동남아시아 지역은 말레이시아, 인도네시아, 싱가포르, 보르네오 섬을 말한다. 물론 예측하기는 어렵지만, 총격이 시작되는 순간 예상치 못한 방식으로 상황이 전개될 수 있기 때문에 유의해야 한다.

실제로 중국이 타이완을 공격하면 중국이 해외로부터 상업적인 이익을 창출하는 항구, 비행장, 정유시설 등이 잠재적인 표적으로 선정될 수 있다. 타이완에 대한 중국의 공격에 간접적이나마 압력과 영향을 미치기 위해서는 인도-태평양 지역에서 중국이 이익을 창출하는 해외거점을 해병대가 공격해야 할 수도 있다. 해병대는 해안에서 필요한 작전을 수행하는데 적합하기 때문에 지부티(Djibouti)에 있는 중국의 유일한 해외 군사기지를 봉쇄해야 할 수도 있다. 다시 말하면, 해병대가 이러한 역할을 맡을 수 있으며, '동부 해안'에 있는 해병대에게 그 임무를 부여할 수 있다.

## 호주 북부의 해병원정대와 상륙준비단

타이완 시나리오를 염두에 두고 가정했을 때, 호주 북부의 다윈기지(Darwin Port)에서 작전을 수행하는 미국 해병원정대(MEU)와 해군 상륙준비단(ARG)은 유용한 역할을 한다. 해병원정대와 상륙준비단은 남중국해의 남단과 주변의 지형을 쉽게 탐색할 수 있기 때문이다. 이는 분쟁이 시작된 후에 도움이 되기도 하지만 더 중요한 것은 지역의 국가들을 우리의 편에 서도록 하는 '평시 영향력(Peacetime Influencing)'에 매우 도움이 된다는 사실이다.

〈미국-호주 다윈기지 연합훈련〉
Public Domain

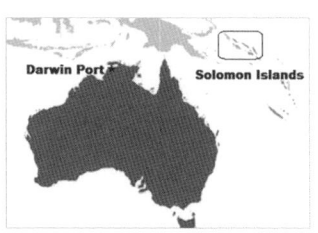

〈다윈기지와 솔로몬 제도〉
Public Domain

최근 중국 군대의 접근을 허용하는 중국과 솔로몬 제도

의 안보협정이 체결되었는데, 중국의 이러한 '0단계' 활동에 대해 경각심을 높여야 하며, 이 지역에 더 이상 개입하지 못하도록 해야 한다. 안타깝게도 중국은 여전히 체스 게임을 준비하고 있으며, 정치적인 전쟁에서 승리하고 있다. 거의 모든 아시아와 태평양 국가에 존재감을 내세우며 부당한 영향력을 행사하고 있고, 솔로몬 제도 등 태평양 지역에서 얼마 남지 않은 타이완의 우방국을 떼어내고 있다.

중국이 부단히 추진하고 있는 외교적인 영향력이 확장될수록 미국은 타이완 공격에 대응하기가 더욱 어려워질 것이다. 타이완(또는 미국포함)에 대한 정치적 지지를 주저하고 제한하는 것 외에도 미국과 동맹군은 이 지역에서 작전을 수행하면서 집중력을 잃고 산만해질 수 있으며, 심지어는 타협에 응해야 할 가능성도 있다.

## 원정전방기지작전(EABO)

지난 몇 년 동안 해병대는 주로 중국의 장거리 미사일의 위협을 무력화하거나 극복하는 작전과 접근 방식을 연구해 왔다. 장거리 미사일은 미군이 작전(해상 및 해안 모두)을 수행하기 어렵게 만들기 때문에 일시적으로 '안전거리'에서 작전을 수행해야 한다. 중국의 계획은 반접근/지역 거부(A2/AD)이며, 이는 타이완을 방어하려는 미군에게 어려움을 준다. 일본과 괌은 '기지 지역'이 공격을 받을 위험이 있으며, 타이완으로 이동하는 중에도 마찬가지이다.

해병대의 계획은 인도-태평양의 지리적 특성을 이용하여 여러 지역의 섬 전체에 해병대를 분산시키는 것을 목표로 한다. 이는 자신들이 표적화되는 것을 어렵게 만들면서 공격적인 작전을 수행할 수 있고, 중국이 '해상 통제'를 하지 못하도록 하여 미군 전체의 이동을 용이하게 해준다. 이는 타이완을 방어하기 위한 작전에 직접적으로 적용할 수 있다.

원정전방기지작전(Expeditionary Advanced Base Operations)의 개념에 대한 설명 중 하나는 다음과 같다. EABO의 개념은 서태평양에서 중국과의 잠재적 갈등 시나리오를 염두에 두고 개발되었다. 이 개념에 따라 무엇보다도 해병대는 증강된 소대 규모로 전역 주변으로 기동하고, 섬에서 섬으로 이동하면서 대함 순항미사일(ASCM)을 발사하며, 해군 그리고 여러 미군들과 함께 중국군의 해상통제를 저지하고 거부하기 위한 미국의 작전에 기여하는 임무를 수행한다.

EABO의 개념을 구체화하는 작업은 아직 진행 중이며 해병대 내에서도 격론이 벌어지고 있다. 몇 가지 의문점은 다음과 같다. 이러한 소규모의 해병대는 어떻게 발각되지 않은 채로 유지될 수 있을까? 보급지원은 어떻게 받을까? 충분한 함정 지원이 가능할까? 전방에 배치된 신속 대응군(Stand in Forces)의 역할을 UAV가 대신할 수 있을까?

결국 가장 큰 문제 중 하나는 어디에 배치할 것인가? 이다. 일본, 괌, 호주, 그리고 팔라우가 아마도 유력하겠지만 타이완에서 갈등이 시작되면 중국의 미사일에 취약할 수 있다. 이 문제는 즉각적인 대처가 필요하다.

7장

# 미국 육군의 역할

*The Army must continuously adapt to remain the most lethal
and capable land force in the world.*
— Gen. Randy George

미국 육군은 세계에서 가장 치명적이고 유능한 지상군으로
남기 위해 끊임없이 변화하고 적응해야 한다.
— 미국 육군대장 랜디 조지

# 미국 육군의 역할

 2012년의 동아시아 중시전략(Pivot to Asia Strategy)과 군사력 재균형 전략(Rebalance Strategy) 이전에 작전책임지역(Area of Responsibility)으로 배치한 미국 육군의 수는 대략 25,000명이다. 그러나 2022년을 기준으로 살펴보면 Operation Pathways와 Defender Pacific과 같은 혁신적인 훈련 프로그램을 계기로 12만 명 이상의 군인들을 이 지역에 정기적으로 배치하였다.

 2014년에 시작된 Pathways는 6~8개월 동안 책임지역의 전역에 5,000명의 군인을 배치하고, Defender Pacific은 미 본토로부터 사단 규모의 병력을 배치한다. Pathways를 통해 미 육군은 인도네시아, 말레이시아, 싱가포르, 호주, 뉴질랜드, 대한민국, 팔라우, 필리핀, 일본, 태국, 베트남, 네팔, 부탄, 스리랑카, 오세아니아, 파푸아뉴기니, 인도 등 책임지역 전역의 동맹국, 파트너들과 함께 훈련을 하고 있다.

미국 육군은 기동, 야포, 정비, 군수 임무를 수행하는 800명 이상의 장교와 부사관을 보유한 안보지원여단(SFAB: Security Force Assistance Brigade)을 통해 역내 협력관계를 구축함으로써 방어력을 강화해왔다. 60여개의 자문 팀은 여러 국가로 나뉘어 배치되며, 상호운용성의 발전을 도모한다.

미국의 주방위군 협력 프로그램(SPP: State Partnership Program)은 상호운용성을 향상하는데 큰 영향을 미친다. 책임지역의 36개국 중 34개국은 육군이 안보 분야의 주축을 이루며, 인도-태평양사 지역의 66%의 국가가 육군 장군 출신이 국방부 장관 직을 수행하고 있다는 이점을 이용한다. 주방위군 협력 프로그램은 국무부의 외교정책 목표에 따라 국방부의 주방위군 국(National Guard Bureau)에서 관리하며, 국방부의 정책과 미국 임무단장의 안보협력 목표를 달성하고 전투 사령관을 지원하기 위해 주 부관 장군(State Adjunct General)이 시행한다.

현재 인도-태평양사 지역의 15개 국가가 미국의 주방위군과 협력하고 있으며, 일부는 2000년으로 거슬러 올라간다. 미국 의회에서도 타이완을 주방위군 협력 프로그램에 추가하려는 논의가 진행 중이다. 이러한 프로그램은 국방안보 목표를 지원하기 위해 군 차원의 협력을 수행함과 동시에 정치, 군사, 경제, 사회 등 사회 전반의 구성 요소를 조정함으로써 광범위한 협력을 용이하게 한다.

육군은 타이완의 군대를 체계적으로 개선하기 위해 더 큰 규모의 부대를 파견할 수 있다. 미국 육군은 타이완 육군과 20년 이상의 오랜 관계를 맺고 있으며 최대 규모의 연합훈련인 '한광(Han Kuang, 漢光)'에 참여한다. 또한 해병대와 유사하게 4가지의 기능을 지원하는 연락관(LNO) 성격의 약 350명의 인력들도 있다.

- 도시지역작전(MOUT)/도심(시가지) 전투기술
- 대전차 전술 및 대전차 무기 사용
- 소규모 부대 작전 – 침투, 매복, 야간 작전
- 화력 및 장거리 정밀사격 협조

## 육군 다영역기동부대(Multi-Domain Task Force)

다영역기동부대(MDTF)는 경쟁과 대립의 과정에서도 지속적인 존재감을 제공하고 융합과 합동성을 가능하게 한다. 또한 중국의 반접근/지역 거부(A2/AD) 능력을 관통하면서 억제력을 강화하는 혁신적인 기동 부대이다. 육군은 다영역기동부대를 "모든 영역에서 적의 A2/AD 네트워크를 상대로 정밀한 사격과 효과가 동기화되도록 설계된 전구 수준의 기동요소이며, 합동군이 작전계획(OPLAN)을 수행할 수 있도록 해준다"라고 설명한다.

육군은 5개의 다영역기동부대를 보유하고 있으며, 이 중 2개는 인도-태평양에서 미국과 연합군의 작전능력을 강화하는 데 전념할 것이다. 이 중 첫 번째는 2017년, 미국 워싱턴 주 타코마의 루이스-맥코드(Lewis-McChord) 합동기지에서 창설되었으며, 그 이후로 인도-태평양 전역에서 각종 훈련과 전투실험에 적극적으로 참여해왔다.

〈LRHW의 형상〉
Public Domain

〈LRHW를 설치하는 육군〉
Public Domain

다영역기동부대는 미국 육군의 현대화 1순위인 장거리 정밀사격(LRPF)을 통해 활성화될 수 있다. 인도-태평양사의 모든 영역의 전투를 지원하기 위해서 다영역기동부대는 최소 1,725마일(2,776km)의 사거리를 가진 마하 5이상의 극초음속 무기(LRHW, 일명 Dark Eagle)를 운용할 것이다.

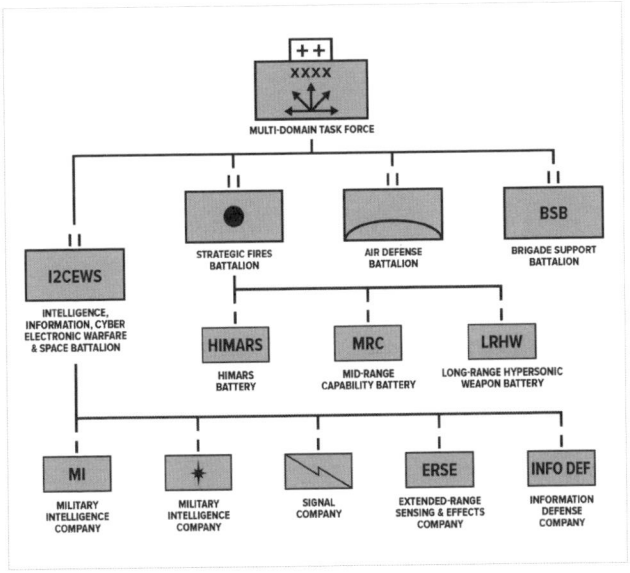

〈다영역기동부대(MDTF)의 구조〉
Public Domain

의회 조사국에 따르면 "다영역기동부대는 미군의 행동의 자유를 지원하기 위한 것인데, 작전적 수준에서 전략적 수준까지 확장이 가능하며, 합동군 사령관의 요구 사항을 지원하도록 언제든지 조정될 수 있다. 또한 사령관이 합동으로 A2/AD에 대응할 수 있도록 계획, 통합, 통제, 추적, 그리고 효과를 평가하는 능력까지 제공한다. 육군은 각 기동부대들이 모든 영역의 적의 활동을 24시간 연중무휴로 모니터링 할 수 있는 전영역작전센터(ADOC)를 구비할 계획이다"라고 하였다.

육군에 따르면 다영역기동부대의 목적은 다음과 같다.

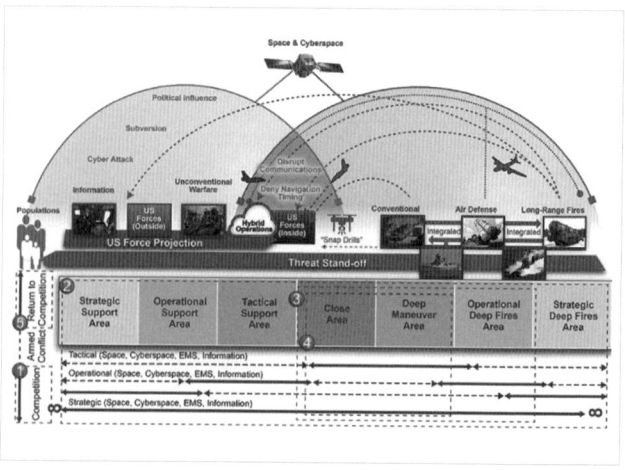

↳ 〈다영역 작전의 개념도〉
Public Domain

- 경쟁-대립 단계에서는 "위기 또는 분쟁으로의 신속한 전환 과정을 지원하기 위해 적과 접촉을 유지한다."

- 위기 단계에서는 "전투 지휘관에게 유연한 대응 옵션을 제공하며 적을 억제하는 환경을 조성한다."

- 분쟁 단계에서는 "공동의 행동의 자유가 가능하도록 적의 A2/AD 네트워크를 무력화한다."

여기에서는 해병의 연안연대와 육군의 다영역기동부대가 중복되지 않는다는 점을 강조하는 것이 중요한데 이들은 상호 보완적이기 때문이다. 인도-태평양사의 지침에 따라 다영역기동부대가 효과적으로 배치되고 활용되면 태평양 가운데의 날짜변경선(IDL) 서쪽 지역으로의 접근을 보장하고, 중국이 예측을 못하도록 할 것이며, 중국에게 여러 가지 딜레마를 안겨줌으로써 군사태세를 지속적으로 바꾸도록 강제할 것이다.

육군은 지속적으로 인도-태평양 사령관으로부터 지상과 해상에서 장거리 정밀타격 능력을 제공하라는 임무를 받았으며, 2023년에는 이러한 능력을 갖춘 최초의 부대가 전개하는 계획이 수립되었다. 이를 위해 육군은 필리핀, 일본 그리고 수많은 섬들뿐만 아니라 지역 전체에 접근할 수 있어야 한다.

> 장거리 극초음속 무기(LRHW)와 대함 다중모드 추적기가 장착된 정밀타격미사일은 인도-태평양의 합동 전투에서 핵심적인 요소이다.

## 타이완 시나리오에서 미국 육군의 역할

- 기지 및 주둔 지역에 분산된 네트워크를 구축하여 보호하고, 통합된 방공 및 미사일 방어를 제공하며, 중국의 A2/AD로부터 우군이 보호받도록 한다.

- 전방 배치에 필수적인 융합 요구도를 달성하기 위하여 다양한 수준의 지휘통제를 통해 합동작전을 동기화 시킨다.

- 지상기반 장거리 사격을 통해 전투지휘관에게 중국의 A2/AD에 대응하는 옵션을 제공한다. 우군의 결심 속도와 도달 범위는 중국 인민해방군을 여러가지 딜레마에 빠지게 할 것이다. 예를 들어 정밀타격미사일(PrSM)의 대함 다중모드 추적기로 해협을 봉쇄하는 등 우위를 점할 수 있다.

- 필요시 영토의 완전성을 회복한다.

- 지상군 전력의 네트워크는 대한민국과 기타 지역에서 수평적, 단계적 긴장을 완화하기 위한 노력을 지원한다.

- 전역 내 장성급 장교들이 주도하는 보급망과 통신망 구축, 의료 지원을 통해 합동군을 유지한다. 어느 정도 진전이 있었지만 위기가 발생할 경우 사용할 수 있는 보급품을 사전에 배치하기 위해서는 많은 노력이 필요하다. 이러한 모든 기능의 중요성은 러시아-우크라이나전이 보여준 각종 난관과 도덕적으로 비난을 받을 만한 러시아의 공격을 통해 충분히 확인할 수 있었다.

위에서 언급한 미국 육군의 현대화 우선순위는 모두 '타이완에 대한 공격 억제' 또는 '타이완 방어'와 같은 시나리오를 염두에 두면서 개발되고 있다. 가장 단기적으로 관련성이 있는 것은 장거리 정밀화력(LRPF), 네트워크(상호운용성), 방공 및 미사일 방어, 전투원 치명성(Soldier Lethality) 강화 계획이다. 장기적으로는 차세대 전투차량과 수직 이·착륙기 같은 것들도 작전에 기여할 수 있다.

한편, 사전에 비축물자를 배치하는 것도 중요하다. 최근 유럽에서 군대를 긴급하게 배치하고, 중장비와 보급품을 신속히 확보한 후 전투준비를 완료하는 것은 매우 어려운 과업임을 확인할 수 있었다. 따라서 인도-태평양 지역에서도 다양한 물자를 사전에 배치하는 것이 필요하나 거리가 매우 멀기 때문에 어려운 문제이다. 전략적으로 사전에 배치된 물자로 인도-태평양사령부의 군사태세를 강화하려면 이 지역에서 적극적인 국방외교가 필요하다.

## 특수작전부대의 역할

↘ 타이완 방위사령부 마크  ↘ 〈1979년 4월 임무 해편식〉
Public Domain　　　　　　　Public Domain

미군과 동맹군의 연합작전을 위한 미 육군의 지원 외에도 육군의 특수작전부대는 타이완과 기타 우방국의 군대를 훈련하는 데 도움을 주어야 한다. 1979년 이전에는 미국 타이완 방위사령부(USTDC)가 주둔하고 있었고, 육군 특수작전부대의 분견대를 운영하기도 했다.[54] 그러나 미국이 중국을 인정한 후에는 병력을 완전히 철수하였다.

 타이완의 전반적인 방위개념을 살펴보면 특수작전부대가 타이완을 방어하는데 필수적이라고 생각하는데, 중국과의 역량 차이로 인해 특수전 훈련을 받은 부대를 활용한 비대칭 전쟁이 수반될 것이라고 보기 때문이다. 그러나 타이완에는 섬이 침략당할 경우 비정규전 임무를 수행할만한 훈련된 병력이 없는 실정이다. 미군은 2020년 초에 미군의 특수작전부대가 타이완의 군인들을 훈련하는 영상을 게시했다가 삭제한 사실이 있다.[55] 또한 2020년 11월에는 타이완의 국방부가 현지 매체에 "미군이 섬에서 현지 군인들을 훈련시키고 있다"라고 발표했다가 부인하는 사건도 CNN이 보도한 바 있다.[56]

〈우크라이나군을 지원하는 미군〉
Public Domain

〈우크라이나군의 스팅어 운용〉
Mil.gov.ua, CC BY 4.0

 미국의 특수작전부대가 상대 부대를 훈련시키는 이유는 비대칭적인 이점이 있기 때문이다. 이는 우크라이나에서 분명하게 볼 수 있었다. 미국의 훈련을 받은 우크라이나군은 여러 종류의 비대칭 전쟁기술을 성공적으로 적용함으로써 러시아군에 큰 손실을 입힐 수 있었다. 그 성과로는 휴대용 대전차 미사일(재블린)과 휴대용 대공미사일(스팅어)을 사용하여 러시아의 장갑차, 방공 및 지휘통제 자산, 공대지 전투기(Su-25, Su-30), 수송용 헬리콥터를 효과적으로 파괴한 것이다. 미국과 NATO는 최소 7년이상 이 훈련을 지원했으며 우크라이나가 전투에 필요한 충분한 물자를 확보하도록 했다.

언론 보도에 따르면, 미국 육군의 특수작전부대와 해병대는 약 1년 동안 타이완에서 '은밀하게' 주둔하면서 훈련을 지원했다고 한다. 다른 소식통에 따르면 미국은 10년 이상 타이완에 미군을 주둔시켜 왔다고 한다.[57] 그러나 육군과 해병대의 훈련 지원 인원들은 매우 적었고, 임무를 수행하기에도 많이 부족했을 것이다. 예를 들어, 타이완에서 훈련을 지원하는 해병대원들은 약 20~30명 수준으로 추정된다.

미국 의회는 '우크라이나에서의 성공 사례'와 중국의 해안 교두보와 거점이 차단됨으로써 '타이완이 취약한 표적'이 될 수 있는 점을 감안하여 미군과 타이완군을 위한 이동식 대전차 시스템과 경량 무인전투기(UCAV)를 우선시해야 한다. 중국은 타이완을 위해 진행 중인 미국의 훈련 프로그램(예: 타이완 조종사 미국 현지 훈련)을 알고 있고, 마찬가지로 미국과 NATO에서 훈련을 받은 우크라이나군이 강력한 러시아의 침공에 맞서고 있는 상황을 분명히 예의주시하고 있을 것이다. 타이완에서의 미군 훈련과 관련하여, 그 노력이 강하면 강할수록 중국은 타이완을 상대로 성공할 수 있을 것이라는 믿음을 의심할 것이며, 중국의 침공을 피할 수 있는 기회도 더 많아질 것이다.

> 우크라이나에 비축되어 있던 물자는 한 달간의 전투 끝에 고갈되기 시작했으며, 미국과 NATO 회원국들은 우크라이나 군대에 대전차와 대공무기를 재보급하였다.

# 8장 연구결과와 제안

*Plans are nothing; planning is everything.*
— Dwight D. Eisenhower

계획 자체는 아무 것도 아니다.
계획을 하는 것이 매우 중요하다.
— 드와이트 D. 아이젠하워

## 연구결과와 제안

- 미국을 중심으로 동맹국, 우방국들은 중국을 억제하고, 타이완이 침공을 받을 경우 이를 지원할 수는 있지만, 목표를 달성하기 위해서는 미국과 같은 뜻을 가진 국가들의 일관된 리더십이 필요하다.

- 평화와 안정을 보장하기 위해 미국은 동아시아에 공동의 사령부를 만드는 데 앞장서야 한다. 여기에는 동맹국, 우방국 그리고 타이완이 참여해야 한다.

- 미국의 '전략적 모호성' 정책은 태평양의 안보를 훼손한다. 미국은 적극적인 지역 동맹을 추구해야 하며, 전략적

으로 모호한 정책에서 벗어나야 한다.

- 미국은 태평양 지역의 안보를 위한 범정부 또는 통합형 정부(whole of government)의 접근 방식이 필요하다.

- 중국이 타이완을 침공하는 것을 막기 위한 – 만약 중국이 정말 시도한다면 – 가장 중요한 우선순위는 타이완과 타이완해협에서 공중우세를 확보하고 유지하는 것이다. 이는 최우선의 과제이다.

- 다른 국가들도 역내 평화와 안보를 유지하기 위해 각자의 역할을 하되, 공동의 노력을 지원해야 한다. 이는 방어시스템에 대한 더 많은 투자, 통합된 지휘통제, 그리고 기지, 무기, 보급, 통신, 정보 등의 상호지원과 책임을 성공적으로 공유하는 것이다.

- 미국과 우방국들의 군대는 정치, 군사 지도자들에게 여러 가지 상호 보완적인 옵션을 제공함으로써 공격적인 태도를 취하려는 상대방의 당과 군대에 딜레마를 안겨주어야 한다.

- 분산된 기지와 사전에 보급품을 배치하는 것은 동아시아

에서 미국과 동맹국의 군사태세를 강화하는 데 중요하며, 중국의 힘이 커지는 것을 통제하고 관리하기 위한 최선의 전략이다.

- 타이완의 지상, 해상, 공중방어의 성공을 보장하고, 중국이 타이완을 위협하거나 침공하는 것을 억제하기 위해서는 미국과 동맹국의 군대가 통합되어야 한다.

- 타이완은 패트리어트 PAC-3보다 우수한 성능의 방공시스템이 필요하다. 타이완의 방공시스템에 새로운 기술을 반영하고, 성능을 개량하는 것을 시급히 고려해야 한다.

- 미국은 타이완의 PAC-2와 PAC-3 시스템을 증강시켜야하며, 중국의 도전에 대처할 수 있을 만큼 충분한 요격미사일을 보유하도록 해야 한다. 필요하다면 미국은 요격미사일의 생산량을 늘려야 한다. 사우디아라비아와 UAE도 미사일의 재고가 부족하다는 사실은 이 문제의 시급성을 보여준다.

- 미국 정부는 타이완이 사이버, 장거리 정밀타격 등 비전통적인 방식으로 중국 인민해방군의 침공을 방해하는 능력을 강화하도록 비대칭·재래식 능력에 대한 투자를 장

려해야 한다. 이와 관련하여 미국은 타이완에 F-35B 항공기를 판매하는 것을 고려해야 하며, F-35B는 스텔스 기능을 바탕으로 중국의 침략에 강력한 억제력을 제공할 것이다.

- 미국 의회는 우크라이나에서의 성공 사례와 중국의 해안 교두보와 거점이 차단됨으로써 타이완이 취약한 표적이 될 수 있다는 점을 감안하여 미군과 타이완군을 위한 이동식 대전차 시스템과 경량 무인전투기(UCAV)를 우선시해야 한다. 마찬가지로 타이완의 해안방어 시스템, 특히 휴대용 대공미사일은 우크라이나에서의 대전차 유도미사일(ATGM)처럼 중요한 역할을 할 수 있다.

- 타이완 관계법(1979년)은 미국이 '모든 무력행사에 대한 저항'을 하도록 요구하는데, 이는 타이완을 보호하기 위해 미국이 군사적 능력을 유지해야 함을 의미한다.

- 역내 평화를 유지하기 위해 단순히 중국에 균형을 맞추면서 타이완을 방어하려던 과거의 접근 방식은 중국의 급속한 군사력 확장과 현대화로 인해 적합하지 않다.

- 미국이 아시아에서 유일한 안보 제공자가 되거나, 반드

시 그래야만 하는 시대는 지났다.

- 중국 인민해방군 – 육군, 해군, 공군 – 의 규모와 복잡성, 전력투사 능력 때문에 타이완을 포함한 어떤 단일 국가도 스스로를 방어할 수 없다.

- 미국과 우방국들은 군수품과 물류의 비축에 투자하고 이를 개선해야 한다. 가장 훌륭한 전략은 기지, 창고, 그리고 저장시설을 분산하고 방어하는 것이다. 중국이 이러한 시설에 도전한다면, 대가도 분명 커질 것이다.

- 소위 '항모 킬러'인 중국의 DF-21D 미사일에 대응할 수 있는 것은 방공시스템이 유일하다. 진화하고 개량된 AEGIS 시스템은 DF-21D의 사거리에 있는 미국의 항공모함과 공군 기지를 보호하는데 매우 중요하다. 또한, 미국은 태평양에 있는 공군, 해군, 육군 기지의 미사일 방어에 집중해야 한다.

- 현재 미국 공군은 역사상 가장 노후하고, 가장 작으며, 가장 준비가 덜 된 상태이다. 그리고 모든 합동군의 작전에는 공군이 필수적이므로 이러한 상황을 반전시키려는 노력이 필요하다. 의회는 공군의 전투기 조달을 우선

하여 전투 부대를 늘리고 30년 된 항공기의 운용 수명을 줄이려는 노력을 해야 한다. 구체적으로 말하면 F-35A 의 연간 생산량을 33대에서 80대로 증가시킴으로써 중국을 억제하고, 승리하도록 해야 한다.

- 미 공군은 2023년에 32대의 F-22를 퇴역시킬 계획[58]이었다. 이는 세 가지 이유로 잘못된 조치이다. ❶ F-22[59]의 수는 제한되어 있고 더 이상 생산되지 않는다. ❷ F-22는 가장 큰 두려움을 주는 전폭기이다. ❸ 미국은 유럽과 태평양에서 동시에 역량을 강화해야 한다. 분쟁이 발생할 경우 F-22를 전략적 자산으로 만들어야 하는데, F-22를 퇴역시키면 미국과 동맹국의 억제력이 약해진다. 퇴역 예정인 F-22를 수리하는 데 비용이 너무 많이 들고 시간이 너무 오래 걸린다는 주장은 좀 더 객관적인 평가가 필요하다. 기체 수를 감축하는 것은 예산을 삭감하는 목적이지 미국의 전투능력을 개선하려는 목적이 아닌 것 같다.

- 최근 태평양에서 수행한 Pacific Vanguard(대한민국, 미국, 호주, 일본) 훈련과 Sea Dragon(대한민국, 미국, 호주, 캐나다, 인도, 일본) 훈련은 참가국들의 관계를 강화하고 효과적인 협력 방안을 찾을 수 있는 중요한 기회가 될 수

있다. Sea Dragon 훈련은 대잠 연합훈련이다.

- DDG-51 Flight III 알레이버크급 구축함의 수를 상당 수준 늘려야 하며, 의회는 함정의 조달을 줄이려는 법안[60]에 반대해야 한다. 이것은 중국의 미사일[61]을 요격하고 파괴할 수 있는 첨단 AEGIS 구축함이기 때문에 퇴역을 앞둔 타이콘데로가급 순양함의 수만큼 AEGIS 구축함의 수를 늘려야 한다.

- 육군의 새로운 개념인 다영역기동부대(Multi-Domain Task Force)는 모든 영역에서 적의 반접근/지역 거부(A2/AD) 네트워크를 상대로 정밀한 사격과 효과가 동기화되도록 설계되었다. 이들은 위기가 발생하기 전 – 대립의 단계에서 – 우주와 사이버 능력을 활용하며 다영역 효과를 달성할 수 있는 기회를 확보한다.

- 지상군은 Operation Pathways(항로)와 Exercise Forager(약탈자)와 같은 여단급 훈련을 통해 지속적으로 '역동적인 전력 배치' 능력을 갖추어야 한다. Defender Pacific은 사단급 훈련이다.

- 신속전투배치(Agile Combat Employment)는 사전에 대책

을 강구하고 대응하는 작전 개념으로 통합된 억제의 과정에서 전투력을 발휘하는 동시에, 태평양에서 위협이 발생했을 때 미국의 생존성을 높이기 위한 것이다. ACE는 중국의 타이완 침공 시도를 억제하고, 승리하기 위해 중요한 요소이므로 충분한 자원을 확보해야 한다.

- 공군의 전투기, 폭격기, 급유기, 특수작전 및 수송기는 역동적인 전력 배치를 통해 최단 경로의 접근성, 신속한 대응능력과 지속성을 제공한다. 또한 태평양 공군의 공중훈련은 치명성, 회복성, 파트너십을 강화하며 그 예로는 Pacific Iron, Northern Edge, Cope North가 있다.

- 인도-태평양 전역을 순회하면서 B-1, B-2, B-52를 운용하는 미 공군의 폭격 부대들은 태평양의 주요 동맹국들과 파트너십과 상호운용성을 강화하고, 자유롭고 개방적인 인도-태평양을 유지하기 위해 집단적인 능력을 강화한다. 장거리 폭격기는 중국의 대응 범위를 벗어난 원거리에서 효과적이고 유연한 전력투사 방법을 제공하는데, 다른 시스템에 비해 인력, 배치, 비용, 적시성 등 경제성이 높고 유리한 장거리 화력을 제공할 수 있다. 새로운 스텔스기인 B-21 레이더(Raider) 폭격기는 중국의 침략에 강력한 억제력을 제공할 것이며, 제대로 된 영향력

을 미치려면 현재 계획된 것보다 훨씬 더 많은 수의 조달이 필요하다.

- 미국의 육군과 해병대의 특수부대가 타이완의 특수부대를 훈련시키는 것은 중요하며 이를 계속 진행해야 한다. 현재는 매우 작은 규모이므로 이를 확대해야 하며 훈련의 강도도 높여야 한다. 유사한 효과는 우크라이나에서 입증되었다. 미국의 해병대는 타이완에서 체계적으로 훈련을 실시하여야 하며 도심(시가지) 전투, 소규모 부대 작전, 화력협조, 정찰작전, 강습과 같은 훈련 프로그램을 반영하여야 한다. 다른 미군의 군종들도 타이완 군을 위해 이와 유사한 방식(또는 확대)으로 훈련을 해야 한다. 이러한 노력이 타이완의 군인들과 민간인들의 사기를 고양할 수 있다는 사실을 간과하면 안 된다.

- 미국의 태평양 육군사령부(USARPAC) 예하의 안보지원여단(SFAB)은 상호운용성을 강화하고, 네트워크를 형성하기 위해 이 지역 전역의 지상군을 상대로 훈련과 자문 그리고 지원 임무를 제공한다.[62]

- 미국의 해병대는 장거리 화력을 운용하고, 독립적으로 또는 현지 군대와 함께 작전을 수행하기 때문에 중국이

타이완을 침공할 경우 사용하는 북쪽과 남쪽의 해협(기동 공간)을 봉쇄하는 데 도움을 줄 수 있다. 미국 육군은 또한 고기동다연장로켓(HIMARS)과 같은 장거리 화력[63]을 사용하여 해상의 목표물에 타격을 줄 수 있다. 장거리 초음속(LRHW)무기[64], 정밀타격(PrSM)미사일[65], 대함 추적 미사일, 해군 SM-6 미사일[66], 토마호크[67] 등을 통해 능력을 확장하고 있다.

- 승리의 가능성을 높이기 위해서는 미군이 '전투공간을 확장'하고, 중국의 지역적 병참선 – 석유, 식량, 무역 – 을 차단하려는 노력이 필요하다. 이는 미국의 해병대, 육군 그리고 기타 군종이 수행할 수 있는 또 다른 역할이다.

- 최근 발의된 국방예산 내역을 살펴보면 전략적인 근거가 부족한 비용절감 자료처럼 보이며, 중국의 위협에 대한 고민을 찾아보기 어렵다. 국방예산은 국가방위전략을 시행하는 측면에서 철저한 재검증과 개정이 필요하며, 인플레이션을 고려하여 실질적인 수준으로 증액해야 한다.

- 강조하건데, 안보정책센터의 타이완 위원회의 전문가들은 공동의 지휘통제와 협조 프로그램을 구현하고, 필요

한 무기를 공급하는 데 시간을 지체해서는 안 된다고 생각한다. 위기 상황에 닥쳐서 이러한 조치를 시도하려고 하면 효과가 없을 것이다.

## 타이완해협 지도 다시보기

지도에서 원으로 표시된 지역은 타이완의 영토이다. 북쪽부터 마주 열도(Mazu, 馬祖), 진먼 군도(Kinmen, 金門), 펑후 제도(Penghu, 澎湖)라고 부른다. 특히, 진먼섬(金門島)은 중국 푸젠성 샤먼(Xiamen, 厦門)으로부터 약 2㎞ 떨어져 있다.

## 미국 안보정책센터 타이완 위원회 소개

**로버트 B. 브라운** Robert B. Brown
육군대장(예)

전 미국 태평양 육군사령관이다. 인도-태평양 지역의 부대에서 12년 동안 복무했으며, 워싱턴 주에 위치한 제1군단과 루이스-맥코드(Lewis-McChord) 합동기지 사령관, 하와이 제25보병사단 스코필드(Schofield) 지역 임무단 부단장, 태평양 사령부의 J7 연습훈련참모부장, 수석 군사보좌관 등을 역임하였고, 이라크 자유 작전에 배치되기도 하였다. 1981년 미국 육군사관학교를 졸업하고, 버지니아대학교와 국방대학교에서 석사 학위를 취득했다.

---

**스캇 스위프트** Scott Swift
해군대장(예)

미 해군에서 40년 이상 복무했으며, 항공장교 후보생 프로그램으로 임관하여 해군 전투기 조종사가 되었다. F/A-18 전술무기통제 학교, 항공모함 항공단 및 강습단, 미 해군 7함대 등에서 지휘관을 역임하고, 2018년 미 태평양함대의 35대 사령관으로서 경력을 마무리 하였다. 복무 기간 동안 Praying Mantis, Southern Watch, Enduring Freedom, Iraqi Freedom등의 전투 작전에 참여했으며, 로드아일랜드 뉴포트에 있는 해군 참모대학에서 석사 학위를 받았다.

### 데이비드 A. 뎁툴라 David A. Deptula
공군중장(예)

효과기반작전(EBO)로 유명한 군사 전략가이다. 사막의 폭풍 작전에서 항공작전을 기획하였고, 2001년 아프가니스탄 연합 항공작전센터의 책임자였다. 두 번의 연합/합동 특수임무사령관, 태평양 공군 부사령관, 초대 정보감시정찰부장을 역임했다. F-15를 주 기종으로 3,000시간(전투에서 400시간) 이상의 비행기록을 가지고 있으며, 《America's Airman: David Deptula and the Airpower Moment》라는 책에서 소개되었다. 현재 미첼(Mitchell) 항공우주연구원 원장이다.

---

### 얼 B. 해일스턴 Earl B. Hailston
해병중장(예)

미국 안보정책센터 타이완 위원회 패널팀 공동 의장으로 미국 태평양 해병대사령관, 미국 해병대 중부사령관, 태평양 해병대 기지사령관을 역임했다. 1994년 5월 준장으로 진급하여 일본 오키나와 태평양 제3군 지원단장에 임명되었고, 1997년 3월에는 미국 태평양 사령부 전략계획 및 정책 부장(J5)의 임무를, 1999년 6월에는 일본에 있는 제3해병원정군의 지휘를 맡았다.

**루이스 A. 크라파로타** Lewis A. Craparotta
해병중장(예)

크라파로타 장군은 2016년 7월부터 2018년 7월까지 제1해병원정군 사령관으로 근무했으며, 2018년 8월부터 2020년 8월까지는 미국 태평양 해병대 사령관을 역임했다. 2021년 9월 전역하기 전까지는 교육훈련사령부의 사령관으로 근무하며 교리, 교육훈련, 훈련프로그램에 대해 연구했다. 크라파로타 장군은 대대, 연대, 사단급 부대를 모두 지휘했으며, 풍부한 전투경험을 보유하고 있다.

---

**세스 크롭시** Seth Cropsey
박사

레이건 정부에서 국방부장관 보좌관을 지냈고, 1984년에는 미국 해군성 정책차관으로 근무했다. George H. W. Bush 정부에서 특수작전과 저강도 분쟁을 담당하는 국방부 차관보를 역임하였으며, 현재는 요크타운(Yorktown) 연구원의 원장이다. 미국의 해군력이 약해지는 것을 경계하고, 미국의 해양력에 관한 여러 권의 저서를 집필하였다.

### 그랜트 뉴섬 Grant Newsham
해병대령(예)

미국 안보정책센터의 수석 연구원이며, 일본 전략연구포럼의 연구원이다. 예비역 해병대령으로 일본 육상 자위대로 파견된 미국의 1호 해병 장교였으며, 일본의 새로운 상륙군을 만드는 데 중요한 역할을 했다. 또한 두 차례에 걸쳐 일본 해병 무관을 역임했다. 이후 타이완 외교부의 방문연구원으로서 타이완의 방위역량을 평가하고 개선사항을 권고하기도 했다. 《When China Attacks: A Warning to America(번역서 : 타이완 침공)》의 저자이다.

---

### 다니엘 S. 로퍼 Daniel S. Roper
육군대령(예)

미국 육군협회(AUSA) 국가안보연구실 실장이다. 포병장교로 독일, 미국 본토, 인도-태평양 사령부에서 부대를 지휘했다. 미국 육군사관학교를 졸업한 후 미국 해군 대학원에서 핵물리학 석사 학위와 고등군사연구학교에서 전구전략 석사 학위를 취득하였다. 아프가니스탄과 이라크에서도 근무했으며, 전역 후에는 미국 태평양 육군사령부의 아시아-태평양 재균형 전략을 자문하고, 하와이의 국토 안보전략을 수립하기 위해 주정부 자문역을 맡았다.

### 스티븐 D. 브라이엔 Stephen D. Bryen
박사

미국 안보정책센터 타이완 위원회 패널팀 의장이다. 미국 상원 외교위원회의 수석 운영국장, 국방부 정책차관, 국방기술보안청 초대 청장, 다국적 방산기업의 대표를 역임했으며, 미국-중국 경제안보 심의위원회의 위원이었다. 《Technology Security and National Power》 등 6권의 저서를 발간했으며, Bryen's Blog, Asia Times, Epoch Times, Newsweek, Weapons and Strategy에 기고하는 등 군사안보 분야에서 꾸준히 활동하고 있다.

---

### 애덤 사빗 Adam Savit
미국 제1정책연구원 중국정책분석국장

미국 안보정책센터의 중국 프로그램 코디네이터이자 의회 및 공보담당관이었다. 현재 미국 제1정책연구원(America First Policy Institute)에서 중국의 정책을 분석하며 연구하고 있다. 안보정책센터에서는 중국과 관련된 기사, 보고서, 영상 콘텐츠를 기획하고 제작했다. 또한 의회 협력과 미디어 홍보를 지원하고, 컨퍼런스를 운영했다. Pennsylvania State University에서 역사학과 정치학을 전공했다.

# 주 석

## 제1장. 타이완해협의 현실

1. OpIndia Staff. "As China says allegations of its 'expansionism' are baseless, here is a list of countries with whom China has territorial disputes." Op India. July 3, 2020.
https://www.opindia.com/2020/07/china-territorialdisputes-south-china-sea-india-senkaku-islands/.

2. Silver, Steven. "U.S. Military Fought Over Taiwan War Game: Who Won?" National Interest. April 12, 2021.
https://nationalinterest.org/blog/buzz/us-military-fought-china-over-taiwan-war-game-who-won-182520.

3. Bernstein, Richard. "The Scary War Game Over Taiwan That the U.S. Loses to China Again and Again." National Interest. August 17, 2020.
https://nationalinterest.org/blog/reboot/scary-war-game-over-taiwan-us-loses-china-again-and-again-167085.

4. Abraham, Bobins. "What is Quad, the Alliance Between India, US, Japan, and Australia?" India Times.

September 23, 2021.
https://www.indiatimes.com/explainers/news/what-is-quad-the-alliance-between-india-us-japan-and-australia-550090.html.

5. Lake, Jon. "Taiwan's Viper Upgrade Fuels F-16 Resurgence." AIN On-line. February 12, 2022.
https://www.ainonline.com/aviation-news/defense/2022-02-12/taiwans-viper-upgrade-fuels-f-16-resurgence.

**이미지 1** DF-31 탄도미사일, Tyg728, CC BY-SA 4.0
https://en.wikipedia.org/wiki/Dongfeng_(missile)#/media/File:DF-31_ballistic_missiles_20170919.jpg

**이미지 2** 2019년 홍콩의 시위 현장, Studio Incendo, CC BY 2.0
https://en.wikipedia.org/wiki/2019%E2%80%932020_Hong_Kong_protests#/media/File:DSCF8925_(49311981367).jpg

**이미지 3** 남중국해의 해상 지도, NordNordWest, CC BY-SA 3.0
https://commons.wikimedia.org/wiki/File:South_China_Sea_vector_de.svg

**이미지 4** 중국의 제1도련선과 제2도련선, Public Domain
Annual Report to Congress: Military and Security Developments Involving the PRC
https://www.960cyber.afrc.af.mil/News/Photos/igphoto/2002873877/

**이미지 5** 타이완 F-16A, 玄史生, CC0 F-16A
https://en.wikipedia.org/wiki/Republic_of_China_Air_Force#/media/File:ROCAF_F-16A_6623_Flight_Demonstration_in_Ching_Chuang_Kang_Air_Force_Base_20161126a.jpg

**이미지 6** F-16V 형상, Lockheed Martin
https://investors.lockheedmartin.com/news-releases/news-release-details/lockheed-martin-inaugurates-f-16-production-line-greenville/

**이미지 7** M-48A3 전차, Public Domain
https://commons.wikimedia.org/wiki/File:Vietnam._Marines_of_E_Company,_2nd_Battalion,_3rd_Marines,_riding_on_an_M-48_tank._-_NARA_-_532441.jpg

**이미지 8** 타이완 CM 전차, 玄史生, CC BY-SA 3.0
https://en.wikipedia.org/wiki/CM-11_Brave_Tiger#/media/File:ROCA_CM-11_in_Hukou_Camp_after_Exercise_20111105a.jpg

## 제2장. 미국의 정책과 타이완

6. U.S. State Department. "Freedom of Navigation Report Annual Release." March 16, 2021.
https://www.state.gov/freedom-of-navigation-report-annual-release/.

7. Military Today, "Su-35", Accessed April 11, 2022.
   https://www.military-today.com/aircraft/su_35.htm.

8. Military History Fandom, "Sukhoi Su-30MKK", Accessed April 11, 2022.
   https://military-history.fandom.com/wiki/Sukhoi_Su-30MKK.

9. Lendon, Brad. "China has upgraded its best stealth fighter jet with domestic-made engines." CNN. September 28, 2021.
   https://www.cnn.com/2021/09/28/china/j-20-fighter-jet-engines-airshow-intl-hnk-ml/index.html.

10. Airforce Technology. "F-16V (Viper) Fighting Falcon Multi-Role Fighter." July 23, 2019.
    https://www.airforce-technology.com/projects/f-16v-viper-fighting-falcon-multi-role-fighter/#:~:text=The%20F%2D16V%20(Viper)%2C%20also%20referred%20to%20as,aircraft%20manufactured%20by%20Lockheed%20Martin.

11. Patrick, Tim. "Senkaku: The Tiny Islands Japan and China Keep Fighting Over." Japan Everyday. February 3, 2021.
    https://japaneveryday.jp/2021/02/senkaku-is-lands/.

12. Gady, Franz-Stefan. "Why China's Military Wants to Control These 2 Waterways in East Asia." The Diplo-

mat. September 15, 2019.
https://thediplomat.com/2019/09/why-chinas-military-wants-to-control-these-2-waterways-in-east-asia/.

13. Bosco, Joseph. "Cross-Strait Relations: The Strategic Importance of Taiwan." Taiwan Insight. February 26, 2018.
https://taiwaninsight.org/2018/02/26/cross-strait-relations-the-strategic-importance-of-taiwan/.

14. H.R. 2479 - Taiwan Relations Act of 1979. Pub. L. No. 96-8.
https://www.congress.gov/bill/96th-congress/house-bill/2479.

15. Congressional Research Service. "President Reagan's Six Assurances to Taiwan."
October 8, 2020. https://crsreports.congress.gov/product/pdf/IF/IF11665

16. Okinawa Briefing. "What is the Treaty of Mutual Cooperation and Security?"
Accessed April 11, 2022.
https://okinawabriefing.com/what-is-the-treaty-of-mutual-cooperation-and-security

17. Lee, Michael. "Biden pledges he won't send American servicemen to fight in Ukraine." Fox News. February

15, 2022.
https://www.foxnews.com/politics/biden-pledges-wont-send-american-servicemen-fight-ukraine

**이미지 1**  페어차일드 공군기지 입구, Public Domain
https://www.dvidshub.net/image/2256197/fairchild-front-gate

**이미지 2**  중국 J-20 스텔스 전투기, N509FZ, CC BY-SA 4.0
https://commons.wikimedia.org/wiki/File:J-20_at_CCAS2022_(20220827103424).jpg

**이미지 3**  타이완 F-CK-1 전투기, 玄史生, CC BY 3.0
https://en.wikipedia.org/wiki/Republic_of_China_Air_Force#/media/File:F-CK-1A_1427_Flight_Demonstration_in_Ching_Chuang_Kang_AFB_20140719e.jpg

**이미지 4**  미야코와 바시 해협, 미국 공군대학 중국항공우주연구소
https://asiapacificsecurity.home.blog
Kenneth W. Allen PLA Air Force: Bomber Force Training China Aerospace Studies Institute, Air University-
https://asiapacificsecurity.home.blog/

**이미지 5**  중국의 9단선, Public Domain
https://en.wikipedia.org/wiki/Nine-dash_line#/media/File:9_dotted_line.png

**이미지 6**  중국 도련선의 상세 위치, Public Domain
https://commons.wikimedia.org/wiki/File:Geographic_

Boundaries_of_the_First_and_Second_Island_Chains.png

## 제3장. 항공작전

18. Air Force. "F-22 Raptor." Accessed April 11, 2022. https://www.af.mil/About-Us/Fact-Sheets/Display/Article/104506/f-22-raptor/

19. Naval Air Systems Command. "F/A-18E/F Super Hornet." Accessed April 11, 2022. https://www.navair.navy.mil/product/FA-18EF-Super-Hornet.

20. Forces. "F-35B: What you need to know about the Lightning jet." November 17, 2021. https://www.forces.net/news/what-you-need-know-about-f-35b.

21. Lockheed Martin. "Everything You Need to Know about the F-35C."

22. Department of Defense. "Base Structure Report - Fiscal Year 2018 Baseline." 2018. Washington, DC: Deputy Assistant Secretary of Defense.

23. Deptula, David A. "World Events Demand Congress Reset Administration F-35 Cuts." Forbes Aerospace and Defense, March 31, 2022.

24. Naval Air Systems Command. "AIM-9X Sidewinder." Accessed April 11, 2022. https://www.navair.navy.mil/product/AIM-9X-Sidewinder

25. Defense Update. "Joint Direction Attack Munitions (JDAM)." July 26, 2006. https://defense-update.com/20060726_jdam.html.

26. Defense Update. "Laser Guided Joint Direct Attack Munitions (LJ-DAM)." July 11, 2006. https://defense-update.com/20060711_ljdam.html.

27. Defense Update. "Paveway/Enhanced Paveway Laser Guided Weapon." July 28, 2005. https://defense-update.com/20050128_paveway.html.

28. Global Security. "Guided Bomb Unit-24 (GBU-24) Paveway III." Accessed April 11, 2022. https://www.globalsecurity.org/military/systems/munitions/gbu-24.htm

29. Wall, Robert. "The Devastating Impact of Sensor Fuzed Weapons." Air Force Magazine. March 1, 1998. https://www.airforcemag.com/article/0398sensor/.

30. Boeing, "Airborne Warning and Control System", Accessed April 11, 2022.

https://www.boeing.com/defense/airborne-warning-and-control-system/

31. Aircraft Fandom. "Grumman E-2 Hawkeye", Accessed April 11, 2022.
https://aircraft.fandom.com/wiki/Grumman_E-2_Hawkeye.

32. Air Force Technology, "T-50 Golden Eagle", June 18, 2012.
https://www.airforce-technology.com/projects/t-50/

**이미지 1** 미국 태평양 공군사령부의 위치, Public Domain
https://www.dvidshub.net/image/6390800/imsc-connections-united-states-policy-and-environmental-analysis-pacific

**이미지 2** B-21 레이더 폭격기, Public Domain
https://en.wikipedia.org/wiki/Northrop_Grumman_B-21_Raider#/media/File:B-21_Raider_front_high.jpg

**이미지 3** 항모에 착륙하는 F-35B, Public Domain
https://en.wikipedia.org/wiki/Lockheed_Martin_F-35_Lightning_II#/media/File:F-35B_Lightning_II_lands_aboard_HMS_Queen_Elizabeth_(R08)_on_17_October_2019_(191017-N-QI061-1159).jpg

**이미지 4** 연설중인 젤렌스키 대통령, Public Domain
https://commons.wikimedia.org/wiki/File:Volodymyr_

　　　　　　Zelensky,_Kamala_Harris_and_Nancy_Pelosi_during_a_
　　　　　　Joint_Meeting_of_Congress.jpg

**이미지 5**　우크라이나의 파괴된 도시, Public Domain
　　　　　https://www.amherstindy.org/2022/04/01/photo-
　　　　　of-the-week-our-second-gallery-on-the-war-in-
　　　　　ukraine/

**이미지 6**　작전 전개를 준비 중인 F-22, Public Domain
　　　　　https://en.wikipedia.org/wiki/Lockheed_Martin_
　　　　　F-22_Raptor#/media/File:F-22_Raptor_-_070212-F-
　　　　　2034C-110.jpg

**이미지 7**　F-22 내부무장창, Public Domain
　　　　　https://commons.wikimedia.org/wiki/File:F-22_under-
　　　　　side.jpeg

## 제4장. 방공 시스템

**33.**　Global Security, "Aegis Ballistic Missile Defense (Aegis BMD)" Accessed April 11, 2022.
　　　https://www.globalsecurity.org/military/systems/ship/systems/aegis-bmd.htm.

**34.**　Rogoway, Tyler, "Navy's New SM-3 Block IIA Ballistic Missile Interceptor Fails In Live Test", The Drive, June 22, 2017.
　　　https://www.thedrive.com/the-war-zone/11794/navys-

new-sm-3-block-iia-ballistic-missile-interceptor-fails-in-live-test.

35. Naval Technology. "Ticonderoga Class Aegis Guided-Missile Cruisers", July 1, 2020.
https://www.naval-technology.com/projects/ticonderoga-class/

36. Hempel, Alex. "The Arleigh Burke-class Destroyer (DDG-51): An In-Depth Guide", White Fleet, July 31, 2017
https://whitefleet.net/2017/07/31/the-arleigh-burke-class-destroyer-ddg-51-an-in-depth-guide/.

37. Lockheed Martin. "Why Spy-7 is the World's Most Versatile Radar", Accessed April 11, 2022.
https://www.lockheedmartin.com/en-us/news/features/2020/why-spy-7-is-the-world-s-most-versatile-radar.html.

38. Military History Fandom. "Maya-class destroyer", Accessed April 11, 2022.
https://military-history.fandom.com/wiki/Maya-class_destroyer

39. Military Today, "Atago class", Accessed April 11, 2022.
https://www.military-today.com/navy/atago_class.htm.

40. Military Today, "Patriot PAC-2", Accessed April 11,

2022.
https://www.military-today.com/missiles/patriot_pac2.htm.

41. United States Army Acquisition Support Center, "Patriot Advanced Capability - 3 (PAC 3)", Accessed April 11, 2022.
https://asc.army.mil/web/portolio-item/ms-pac-3_mse/.

42. Lockheed Martin, "THAAD data used by PAC-3 MSE to intercept target", Accessed April 11, 2022.
https://lockheedmartin.com/en-us/products/thaad.html.

43. Military Today, "DF-21D", Accessed April 11, 2022.
https://www.military-today.com/missiles/df_21d.htm.

44. Ministry of Defence Singapore, "Guardians of the Skies - The I-Hawk Missiles", August 19, 2010. Video, 2:43.
https://www.youtube.com/watch?v=I3cq9dy-vKU

45. Navy Recognition. "La Fayette class frigate stealth FFG FLF Frégate Légère Furtive F710 Surcouf F711 Courbet F712 Aconit F713 Guépratte F714 Marine Nationale French Navy DCNS datasheet pictures photos video specifications", August 9, 2011.
https://www.navyrecognition.com/index.php/

world-naval-forces/west-european-navies-vessels-ships-equipment/french-navy-marine-nationale-vessels-ships-equipment/french-navy-marine-nationale-frigates-and-destroyers/57-la-fayette-La Fayette-class-frigate-stealth-ffg-flf-fregate-legere-furtive-f710-surcouf-f711-courbet-f712-aconit-f713-guepratte-f714-marine-nationale-french-navy-dcns-datasheet-pictures-photos-video-specifications.html

**46.** Lockheed Martin, "MK41 Vertical Launching System", 2019.
https://www.lockheedmartin.com/content/dam/lockheed-martin/rms/documents/naval-launchers-and-munitions/MK41_VLS_Vertical_Launching_System_Product%20Card_8.5x11_042419.pdf.

**47.** Military Today, "Harpoon", April 11, 2022.
https://www.militarytoday.com/missiles/harpoon.htm#:~:text=The%20Harpoon%%20is%20a%-620subsonic%20high%20explosive%20over-the-horizon.fitted%20with%20a%20heavy%20221-kilogram9620penetration%20blast9620warhead.

**이미지 1** 로타 섬에 배치된 THAAD 발사대, 미 육군(www.army.mil)
https://www.army-technology.com/news/us-army-thaad-system-cnmi/

**이미지 2** 로타섬의 위치, The Australian National University

https://asiapacific-archive.anu.edu.au/mapsonline/sites/default/files/styles/cartogis_700x700/public/maps/bitmap/standard/2016/06/00-369_Philippines_with_Guam.png?itok=V1YQqysi

**이미지 3**  중국의 미사일 사거리, Public Domain
https://en.wikipedia.org/wiki/Dongfeng_(missile)#/media/File:PLA_ballistic_missiles_range.jpg

**이미지 4**  이지스 어쇼어 시스템, Public Domain
https://commons.wikimedia.org/wiki/File:SM_3_Block_IIA_launched_from_the_Aegis_Ashore_Missile_Defense_Test_Complex_at_Hawaii.jpg

**이미지 5**  요나구니 섬의 위치, Dr. Blofeld, CC BY 3.0
https://en.wikipedia.org/wiki/Yonaguni?utm_source=chatgpt.com#/media/File:Location_map_Ryukyu_Islands.png

## 제5장. 미국 해군의 역할

48.  Narang, Akshay, "US is all set to deploy mobile Marine units in Japan's Okinawa islands. That will make China the sitting ducks in the region", TFI Post, July 25, 2020.
https://tfipost.com/2020/07/us-is-all-set-to-deploy-mobile-marine-units-in-japans-okinawa-islands-that-willmake-china-the-siting-ducks-in-the-region/.

**49.** Stavridis, James, "Four Ways a China-US War at Sea Could Play Out", ASHARQ AL-AWSAT, April 26, 2021.
https://english.aawsat.com/home/article/2939821/james-stavridis/four-ways-china-us-war-sea-could-play-out.

**50.** David Axe, "Yes, The Chinese Navy Has More Ships Than The U.S. Navy. But It's Got Far Fewer Missiles.", Forbes, November 10, 2021.
https://www.forbes.com/sites/davidaxe/2021/11/10/yes-the-chinese-navy-has-more-ships-than-the-us-navy-but-its-got-far-fewer-missiles/.

**51.** Benjamin Mainardi, "Yes, China Has the World's Largest Navy. That Matters Less Than You Might Think.", The Diplomat, April 7, 2021.
https://thediplomat.com/2021/04/yes-china-has-the-worlds-largest-navy-that-matters-less-than-you-might-think/.

**52.** David Larter, "The US military has put scores more ship-killer missiles under contract as Pacific tensions continue.", Defense News, March 11, 2021.
https://www.defensenews.com/naval/2021/03/11/the-us-military-has-put-scores-more-ship-killer-missiles-under-contract-as-pacific-tensions-continue/.

**53.** Daniel Goure, "The Navy Needs To Acquire a Lot

More Arleigh Burke Destroyers Now.", RealClearDefense, July 14, 2021.
https://www.realcleardefense.com/articles/2021/07/14/the_navy_needs_to_acquire_a_lot_more_arleigh_burke_destroyers_now_785388.html.

**이미지 1**  LRASM, Public Domain LRASM
https://commons.wikimedia.org/wiki/File:LRASM_in_flight.gif

**이미지 2**  XASM-3, Hunini, CC BY-SA 4.0
https://en.wikipedia.org/wiki/ASM-3#/media/File:-JASDF_XASM-3-E_left_rear_view_at_Gifu_Air_Base_November_19,_2017_01.jpg

**이미지 3**  Joint Strike Missile, Strak Jegan, CC BY-SA 4.0
https://en.wikipedia.org/wiki/Joint_Strike_Missile#/media/File:Joint_Strike_Missile_Mockup_at_JA2016.jpg

**이미지 4**  함정용 슝펑 II, III, Solomon203, CC BY-SA 4.0
https://en.wikipedia.org/wiki/Hsiung_Feng_III#/media/File:Hsiung_Feng_II_and_Hsiung_Feng_III_launchers_of_ROCN_PFG2-1110_20190324.jpg

**이미지 5**  지상형 슝펑 III, Public Domain
https://en.wikipedia.org/wiki/Hsiung_Feng_III#/media/File:HF-3_ASCM_fired_from_TEL_system.jpg

**이미지 6**  알레이버크급 구축함, Public Domain

https://ko.wikipedia.org/wiki/%EC%95%8C%EB%A0%88%EC%9D%B4%EB%B2%84%ED%81%AC%EA%B8%89_%EA%B5%AC%EC%B6%95%ED%95%A8#/media/%ED%8C%8C%EC%9D%BC:USS_Arleigh_Burke_(DDG_51)_steams_through_the_Mediterranean_Sea.jpg

**이미지 7**    타이콘데로가급 순양함, Public Domain
https://ko.wikipedia.org/wiki/%ED%83%80%EC%9D%B4%EC%BD%98%EB%8D%B0%EB%A1%9C%EA%B0%80%EA%B8%89_%EC%88%9C%EC%96%91%ED%95%A8#/media/%ED%8C%8C%EC%9D%BC:US_Navy_100304-N-6006S-046_The_Ticonderoga-class_guided-missile_cruiser_USS_Bunker_Hill_(CG_52)_transits_in_the_Atlantic_Ocean.jpg

## 제6장. 미국 해병대의 역할

**이미지 1**    미국-호주 다윈기지 연합훈련, Public Domain
https://en.wikipedia.org/wiki/Marine_Rotational_Force_%E2%80%93_Darwin#/media/File:Australian_Defence_Force,_U.S._Marines_strengthen_ties_during_Exercise_Koolendong_140822-M-PU373-152.jpg

**이미지 2**    다윈기지와 솔로몬 제도, Public Domain
https://www.cia.gov/the-world-factbook/countries/australia/locator-map/

## 제7장. 미국 육군의 역할

**54.** Wikipedia, 2022, "United States Taiwan Defense Command", Last modified February 27, 2022.
https://en.wikipedia.org/wiki/United_States_Taiwan_Defense_Command

**55.** Joseph Trevithick, "Army Releases Ultra Rare Video Showing Green Berets Training In Taiwan.", The Drive, June 29, 2020.
https://www.thedrive.com/the-war-zone/34474/army-releases-ultra-rare-video-showing-green-berets-training-in-taiwan.

**56.** Eric Cheung, Will Ripley, and Ben Wescott, "Taiwan's President says the threat from China is increasing every day and confirms presence of US military trainers on the island." CNN, October 28, 2021.
https://edition.cnn.com/2021/10/27/asia/tsai-ingwen-taiwan-china-interview-intl-hnk/index.html.

**57.** Jack Detsch and Zinya Salfiti, "The U.S. Is Getting Taiwan Ready to Fight on the Beaches." Foreign Policy, November 8, 2021.
https://foreignpolicy.com/2021/11/08/us-taiwan-military-presence-china-biden-porcupine/.

**이미지 1** LRHW의 형상, Public Domain
https://en.wikipedia.org/wiki/File:LRHWfirstThunder-

BoltStrike.jpg

**이미지 2**  LRHW를 설치하는 육군, Public Domain
https://commons.wikimedia.org/wiki/File:Emplacement_of_pod_on_long-range_hypersonic_weapon_transporter_erector_launcher.jpg

**이미지 3**  다영역기동부대(MDTF)의 구조, Public Domain
https://commons.wikimedia.org/wiki/File:MDTF_diagram.jpg

**이미지 4**  다영역 작전의 개념도, Public Domain
https://commons.wikimedia.org/wiki/File:Multi_Domain_Operations,space.png

**이미지 5**  타이완 방위사령부 마크, Public Domain
https://en.wikipedia.org/wiki/United_States_Taiwan_Defense_Command#/media/File:Badge_of_the_United_States_Taiwan_Defense_Command_(USTDC,_1955-1979).svg

**이미지 6**  1979년 4월 임무 해편식, Public Domain
https://en.wikipedia.org/wiki/United_States_Taiwan_Defense_Command#/media/File:USTDC_1979.04.28.jpg

**이미지 7**  우크라이나군을 지원하는 미군, Public Domain
https://commons.wikimedia.org/wiki/File:Teamwork_%2815292530415%29.jpg

이미지 8   우크라이나 군의 스팅어 운용, Mil.gov.ua, CC BY 4.0
https://en.wikipedia.org/wiki/FIM-92_Stinger#/media/
File:UA_anti-air_battalion_of_30th_bgd_05.jpg

## 제8장. 연구결과와 제안

58. D'Urso, Stefano. "The US Airforce's oldest F-22 Raptors are heading to the 'boneyard'." Business insider. April 1, 2022.
https://www.businessinsider.com/air-force-wants-retire-oldest-f22-raptor-fighter-jets-2022-4.

59. Lockheed Martin. "F-22 Raptor." Accessed April 11, 2022.
https://lockheedmartin.com/en-us/products/f-22.html.

60. Suciu, Peter. "Arleigh Burke-Class Destroyer Flight III: Future of the Navy?" 19fortyfive. December 28, 2020.
https://www.19fortyfive.com/2020/12/arleigh-burke-class-destroyer-flight-iii-future-of-the-navy/.

61. Naval Sea Systems Command, NSWC Port Hueneme. "Aegis Combat System." Accessed April 11, 2022.
https://www.navsea.navy.mil/Home/Warfare-Centers/NSWC-Port-Hueneme/What-We-Do/Aegis-Combat-System/.

**62.** U.S. Army. "Security Force Assistance Brigade (SFAB)." Accessed April 11, 2022.
https://www.armyusgo.com/careers-and-jobs/current-and-prior-service/advance-your-career/security-force-assistance-brigade.html.

**63.** Lockheed Martin. "HIMARS: The long-range, mobile, precision fires launcher interoperable with C2 systems." Accessed April 11, 2022.
https://lockheedmartin.com/en-us/products/high-mobility-artillery-rocket-system.html.

**64.** Mizokami, Kyle. "The Army Reveals the Range of Its New Hypersonic Weapon: 1,725 Miles." Popular Mechanics. May 17, 2021.
https://www.popularmechanics.com/military/weapons/a36421213/army-hypersonic-weapon-1700-mile-range/

**65.** Army Technology. "Precision Strike Missile (PrSM), United States of America." November 8, 2021.
https://www.army-technology.com/projects/precision-strike-missile-prsm-united-states-of-america/#:~:text=The%20Precision%20Strike%20Missile%20(PrSM)%20is%20a%20next-generation,#:~:text=The%20Precision%20Strike%20Missile%20(PrSM)%20is%20a%20next-generation.

**66.** Wikipedia, 2022. "RIM-174 Standard ERAM." Last

modified March 28, 2022.
https://en.wikipedia.org/wiki/RIM-174_Standard_ERAM

**67.**  Naval Technology. "Tomahawk Long-Range Cruise." August 27, 2020.
https://www.naval-technology.com/projects/tomahawk-long-range-cruise-missile/

## 역자후기




 '글로벌 해양강국'을 표방하며 정부가 제작한 '거꾸로 세계지도'를 보면, '발상의 전환'과 '개방감'을 느낄 수 있었다. 그러나 최근 다른 나라에서 우리나라의 지도를 거꾸로 놓고 있는 것을 보면, 다른 계산이 있는 것은 아닌지 궁금해진다. 앞의 지도가 해양 진출을 도식화한 것이라면 후자는 확실히 다른 목적을 가진 것으로 보이기 때문이다.

 눈을 돌려 주변국들을 살펴보면서 그동안 몰랐던 특이한 점을 발견할 수 있었다. 전통적으로 대륙의 중심 국가인 중국은 러시아와 인도 등 14개 국가와 국경을 맞대고 있는데, 바닷길은 사정이 더 좋지 않았다. 황해를 제외하고도 동중국해에는 타이완과 일본이, 남중국해에는 필리핀과 동남아시아 국가들이 버티고 있어 넘어야 할 장애물이 많아 보였기 때문이다. 그중에서도 타이완은 불편할 정도로 중국의 턱 밑에 자리 잡고 있다.

 주변 사람들에게 타이완과 동중국해를 물어보면, 이에

대해 관심을 보이는 사람을 찾기가 힘들었다. 그중에는 지리적으로 1,425km나 떨어진 '타이완'의 안보는 우리와 직접적인 연관성이 떨어지고, 심지어 동중국해는 잔잔하고 평온하다고 생각하는 사람도 있었다. 한미 정상회담 공동성명(2021년, 2022년)에서 '양국은 타이완 해협의 평화와 안정 유지의 중요성을 확인하였다'라는 내용은 그나마 정부의 관심을 보여주는 공식적인 메시지 같다.

매일 언론에서는 동아시아와 관련된 다양한 정치적, 군사적 용어들을 반복해서 언급하고 있다. 반접근/지역 거부(A2/AD), 거부전략(Strategy of Denial), 원 시어터(One Theater), 전략적 유연성(Strategic Flexibility), 최대 유연성(Maximum Flexibility), 확장억제(Extended Deterrence), 전쟁화(War-ized) 등은 이제는 일상적인 용어들이다. 하지만 국가안보를 위해서는 이러한 개념들을 이해하고 넘어갈 것이 아니라 이들이 내포하고 있는 의도와 역학 관계를 면밀하게 분석하면서 뭔가 준비해야 하는 것은 아닌지 초조한 기분까지 들었다.

그러던 차에 타이완의 수도, 타이베이의 고요한 사진이 담긴 책을 우연히 소개받았고, 책임감을 느낀 나머지 번역까지 하게 되었다. 이 책은 미국과 중국의 전략을 다루면서 전략의 수단인 전력을 어떻게 준비해야 하는지를 보여주었으며, 미국의 안보전문가들이 동아시아를 바라보는 현실적인 관점이 담겨 있어 독자들에게 소개하고 싶었기 때문이다. 혹자는 책의 함축성을 지적할 수도 있을 것이다. 하지만 이는 민감성과 파급성을 고려하여 최대한 중의적인 표현을 사용하되, 평가와 판단은 독자들에게 위임하는 저자들의 숨겨진 의도라고 본다.

앞서 언급했던 것처럼 많은 사람들이 타이완이라는 주제가 우리와 분리되어 있으며, 앞으로도 의도적인 무관심이 작동하리라 생각할 수도 있다. 하지만 문제의 키워드를 '미국'과 '중국'으로 바꾸고, 그 파급효과를 '한반도'로 돌리면 사람들의 표정은 진지하게 바뀔 것이다. 그리고 만약 누군가가 우리의 입장을 물으며 마이크를 들이댄다면, 어떤 정치적 또는 외교적 수사로 답변할 수 있을지 궁금해진다.

이 책이 다루는 무거운 주제를 고려해볼 때, 대중성과 상업성을 노리는 것은 무리일 것이다. 그럼에도 이렇게 멋진 책으로 출간된 것은 많은 분들의 도움이 있었기 때문에 가능했다.

나날이 경쟁이 심해지는 출판시장에서도 책의 숨겨진

가치를 높게 보시고, 기꺼이 출판을 결심해주신 드러커마인드의 최대석 대표님과 최연 편집장님께 제일 먼저 감사의 인사를 드리고 싶다. 그리고 원고를 꼼꼼하게 검토하고, 디자인을 해주신 조은미 에디터님과 조혜수 디자이너님의 노고도 빠뜨릴 수 없다.

마지막으로 다양한 지적 호기심과 교훈을 주시고, 본 책의 한국어판 발간을 흔쾌히 허락하여 주신 스티븐 브라이엔 차관님과 얼 해일스턴 장군님, 그리고 여덟 분의 전문가들께 감사와 경의를 표하며, 모두의 건강과 행복을 기원한다.

모든 것에 감사하며,
조용호

# 타이완 방어 전략
**미국의 안보전문가들이 제시하는 방법론**

Copyright ⓒ 2025 스티븐 브라이엔(Stephen D. Bryen),
얼 해일스턴(Earl B. Hailston), 조용호

> 저자 스티븐 브라이엔과 얼 해일스턴은 미국 안보정책센터(Center for Security Policy)의
> 《Stopping A Taiwan Invasion》을 드러커마인드에서 한국어판으로 발간하는 것을 허락합니다.

초판발행 2025년 8월 29일
지은이 스티븐 브라이엔, 얼 해일스턴 지음 | 옮긴이 조용호
펴낸이 최대석  펴낸곳 드러커마인드  출판등록 제2008-04호
등록일 2006년 10월 27일
주소 a1. 서울특별시 종로구 종로1길 50 더케이트윈타워 B동 위워크 2층
　　 a2. 경기도 가평군 경반안로 115
전화 031-581-0491
전자우편 book@happypress.co.kr
정가 16,800원 . ISBN 979-11-94192-38-1(03810)

*드러커마인드는 행복우물출판사의 임프린트입니다.